总主编◎刘德海

人文社会科学通识文丛

关于 **西汉王朝** 的100个故事

100 Stories of the Western Han Dynasty

江 辉◎著

南京大学出版社

江苏省哲学社会科学界联合会
《人文社会科学通识文丛》

总 主 编 刘德海
副总主编 汪兴国　徐之顺
执行主编 吴颖文　王月清
编 委 会（以姓氏笔画为序）

王月清	叶南客	朱明辉	刘伯高
刘宗尧	刘德海	许麟秋	杨东升
杨金荣	吴颖文	汪兴国	陈玉林
金鑫荣	周长胜	周锦南	房学明
赵志鹏	倪郭明	徐之顺	潘法强

选题策划　吴颖文　王月清　杨金荣　陈仲丹
　　　　　　王　军　朱建波　刘　洁　葛　蓝
　　　　　　郑天竹

前　言

　　本书围绕着西汉王朝的100个人物来写,并分为五篇。

　　第一篇,描写了从西汉王朝的建立到王莽篡位时期的各个帝王。从刘邦建立汉朝,到汉文帝、汉景帝的文景之治,再到汉武帝的盛世,述及汉武帝之后国家的日益衰败,通过一个个故事,让这些帝王的形象"活"了起来,变得有血有肉,不再是历史上一个个冰冷的符号。

　　第二篇,是对西汉时期文臣武将的描写,每一个决策和每一个事件的小故事都既让读者了解了西汉的历史发展,同时又对书中人物有深入的认识。不仅仅是对西汉做出贡献的忠臣,比如赤胆忠心周昌、萧何;还有对西汉有一定影响的功过两说的文臣武将,如韩信、英布;更有对历史产生不良影响的幸臣,如邓通。许许多多的故事,讲述了一个人或一件事对整个西汉王朝的影响。

　　第三篇,是本书的精华所在,通过对故事的重述,回到故事发生的年代,用假设去推断那些故事。如果鸿门宴杀掉了刘邦,那么天下是否就是项羽的?而向汉景帝进言削藩的晁错又错在哪里?李陵卖国,到底又是为了什么?通过层层的抽茧剥丝,来解答这些疑问。

　　前面说尽了汉书中的恢宏故事,但是汉书之中还有许多儿女情长。因此,第四篇里面使用华丽的文笔描绘了皇帝身边的那些儿女之情。到底有多少人是因为爱情而在一起？又有多少人的爱情因为权势而烟消云散？文中将用细腻的笔锋勾勒出《汉书》中的情感纠结。

最后，在第五篇，本书用政治角逐的权谋，写出汉代名人在政治、军事、民生上的手段，故事中有权力争斗的残酷、和亲的无奈以及扬威异域的霸气。在这些故事里看不见温情和浪漫，有的只是冷血的政治、血腥的谋划以及为了国家的安定而做出的牺牲。

通过五个篇章，本书用一百个故事写出了西汉历史最精华的部分，以生动有趣的文字和真实的史实，将西汉王朝的辉煌、一步步衰败的叹息、儿女情长的无奈、文臣武将的闪耀以及政治的残酷与无情一一呈现给了读者。

目录

第一篇 刘氏四百年江山——大汉王朝的戏剧性事件与后续

天生皇帝命——从无赖到九五之尊,刘邦的草根逆袭　　2

神话还是宿命——汉高祖斩蛇起义　　5

从暴秦苛政得到的反思——入咸阳,约法三章　　7

无敌破坏王——西楚霸王火烧咸阳城　　10

绝境中的出路——明修栈道,暗度陈仓　　13

差一点就赢了——刘邦的"乐极生悲"　　15

楚河、汉界——鸿沟议和　　18

英雄末路——"四面楚歌"　　21

功亏一篑还是东山再起?——项羽不肯过江东　　23

天下太平,分封诸侯——大汉功臣的"兔死狗烹"　　25

太子之争,贵乎人心——刘盈险中求胜　　27

名为皇帝实为傀儡——身不由己的汉惠帝　　29

吕雉死后的变故——诸吕作乱　　31

千军不及一占卜——谨慎的刘恒当了皇帝　　33

"医疗纠纷"引发的"人权"问题——汉文帝废肉刑　　35

造反不成悲愤而死的刘长——汉文帝最后的弟弟　　37

西汉王朝的第一个盛世——厉行俭约的"文景之治"　　39

郡国并行留祸根——七国之乱　　41

汉武帝刘彻始掌虎符——平定争端的考验　　43

削弱诸侯王的好办法——唯才是举、推恩令　　45

求仙和巫蛊之祸——汉武帝的荒唐事　　47

活在权臣的阴影下——汉昭帝"壮大多知"的背后　　50

从废帝刘贺到汉宣帝刘询——被霍光操纵的大汉帝国　　52

和亲留遗憾——汉元帝懊悔错过美人王昭君　　54

短暂的改朝换代——王莽借"天命"建大新　　56

第二篇 国之栋梁、君之股肱——少了他们,汉室何去何从

刘邦沛县起兵的幕后推手——大汉第一相萧何	60
仗义多是屠狗辈——对刘邦至死不离的樊哙	62
雄兵百万抵不上一个好军师——张良投汉	64
天下最好的车夫——舍身救惠帝的夏侯婴	66
从胯下爬起来的王侯——大将军韩信	68
盼到了封王,也盼到了死亡——功成身死的彭越	71
说客的人生——"高阳酒徒"郦食其	73
对刘邦最忠诚的人——口吃的周昌	75
鬼点子最多的阴谋家——"六出奇计"的陈平	77
骑马杀将,能斩项羽——贩缯的灌婴	79
总是炒老板的鱿鱼——"跳槽王"英布	81
黄老之学的拥护者——萧何最佳搭档曹参	83
居功自傲下的汗流浃背——两度拜相的周勃	85
天子都不能进的细柳营——治军严谨的周亚夫	87
得罪权贵郁郁而终——才华横溢的贾谊	90
我劝谏,你接受——直言劝谏的袁盎	92
用法律来治理国家——刚正不阿的张释之	94
文人里的军事家、经济家——辅助文帝的功臣晁错	96
战克之将,国之爪牙——酷吏郅都	98
守着"金山"被饿死——汉文帝的宠臣邓通	100
文才横溢表忠心——邹阳好一句"白头如新"	102
识时务者为俊杰——能屈能伸的叔孙通	104
性格决定命运——不懂权术的窦婴	106
这个丞相很滑头——公孙弘"宽容"的背后	108
愚直的"社稷之臣"——"愚不可及"的汲黯	110
身残志坚——司马迁发愤著《史记》	112
大汉第一使臣——出使西域的张骞	114
没有威仪的京兆尹——"画眉"的张敞	116
太监国丈——平步青云的许广汉	118

第三篇 值得慢动作回放的瞬间——历史是多重选择题

如果刘邦没有装傻示弱——鸿门宴上,谁笑到最后	122
生死一知己——萧何成就了韩信,却又害死了韩信	125
置之死地而后生——背水一战的气魄	127
成就国都的诸多因素——"洛阳"和"长安"的帝都之争	129
同姓果真三分亲?——"白马盟誓"的兴与废	131
争风吃醋的女人最可怕——吕雉与戚姬的恩怨	133
临死也不得安宁——刘邦死前想什么	135
大是大非前,"一腔热血"是不够的——樊哙为何差点被砍	137
"女皇帝"不易当——吕后临朝称制	139
凡事要懂得"美其名"——"削藩"大计的背后	141
晁错成了代罪羔羊——"清君侧"的可怕之处	143
选错了职业——如果汉成帝不当皇帝会怎样	145
天子玉槛折,将军丹血流——朱云的"死谏"不死	147
外交名家"借酒行凶"——傅介子斩杀楼兰王	149
这个"卖国贼"当得太无奈——李陵从功臣到降将	151
舆论的杀伤力——王莽其实是民选皇帝	153

第四篇 儿女情长哀怨生——多少人败给了"爱情"

没有花前赏月,只有柴米油盐——吕雉下嫁刘邦的酸甜岁月	156
有些真爱,不论权谋——项羽可比刘邦专一得多	158
红颜薄命惹人怜——戚姬从宠妃到"人彘"	160
不受宠也能成为太后——薄姬,宫闱中的黑马	162
只闻新人笑,不闻旧人哭——窦漪房的风光背后	164
岁月,酿不出"爱情"——汉景帝最终废了薄皇后	166
爱情没有那么美——司马相如的见异思迁	168
再婚也能当太后——王娡的"宫心计"	170
皇帝的女人不好当——"金屋藏娇"的悲情结局	172
从歌女到皇后——卫子夫为何不得善终	174
相见不如怀念——李夫人"落叶哀蝉"临死不见	176

3

并非谁都能母凭子贵——钩弋夫人死于"存子不留母"　　　　179
破镜难重圆——朱买臣覆水难收的爱情　　　　181
糟糠之妻不下堂——刘询与许平君的夫妻之情　　　　183
别问是劫是缘——霍成君的命中注定　　　　185
红颜祸水——赵氏姐妹误国　　　　187

第五篇　政治角逐，唯不缺"权谋"——汉朝历史名人的厉害手段

能用女人解决的问题就不是问题——大汉皇室的"和亲"政策　　　　190
眼界决定命运——乌孙国投靠谁？　　　　193
权力面前少不了猜忌——皇帝没有永远的朋友　　　　195
新仇旧怨难平息——汉朝时代，匈奴何以猖獗？　　　　197
"事不过三"是定律——质子，是个成功又失败的外交手段　　　　199
道高一尺"魔"高一丈——罽宾国"骗"大汉　　　　201
该出手时就要出手——大宛国曾经"不知好歹"　　　　203
杀鸡就是为了儆猴——震慑的魔力　　　　205
怀柔胜过刀兵——赵佗最终归附汉朝　　　　207
乱世才有"真英雄"——王莽为何挑动匈奴的神经　　　　210
"城西万子夏"——社会动荡游侠生　　　　212
"以狼牧羊"的治民手段——西汉多酷吏　　　　214

第一篇
刘氏四百年江山
——大汉王朝的戏剧性事件与后续

天生皇帝命
——从无赖到九五之尊，刘邦的草根逆袭

刘邦在家排行老三，所以小名就叫刘三，他是中国历史上有名的布衣皇帝。

当年，明太祖朱元璋称帝后，拜祭历代帝王庙时，在诸多帝王中仅给刘邦敬了一杯酒，原因就在这句话里——"惟公与我起布衣而有天下"：两人都一样是从平民百姓起家当上皇帝的。

刘邦之所以发迹，一个重要的原因就是他有神一样的好命。

读过史书的人都知道，皇帝既然号称"天子"，或曰"真龙天子"，当然不能和小老百姓一样是俗骨凡胎。而怎样才能证明自己非同凡品，皇帝们自有高招，即编造种种荒诞不经的故事，说他们出生之时，乃至在娘胎里就和普通人大不相同，不但不一样，而且神乎其神。

相传，那是一个郊游的好天气，刘邦的妈妈在大湖岸边歇息，不知不觉睡着了，做了一个春梦。

突然，雷电轰鸣，刘邦的爸爸刘太公一看天气不好，就出门去接老婆回家，走到湖边，看见一条蛟龙正伏在刘邦妈妈身上。

刘邦妈妈就此怀了孕，后来生下了刘邦。

出生以后的刘邦更显得不同，高高的鼻梁，鼓起的眉骨，还有他左大腿上七十二颗黑痣，见过的人都认为这刘邦天生异相，以后必定不同凡响。

不过等到刘邦稍微长大了一点，以前那么想的人都觉得自己当初是随口乱说的，因为他是在不务正业上不同凡响。

【汉高祖刘邦画像】

刘邦不拘小节，也不喜欢去工作，日子过得穷困潦倒，偷鸡摸狗的事情没少做过。

后来，不想种田的刘邦做了泗水亭长，这个职位真是小得不能再小了，都不能算是官，只是小吏而已。再加上他还有一堆狐朋狗友，身上根本存不下钱。

没钱，又要喝酒，只好赊账了。

那时候，中阳里有一家酒馆，是由两个女老板武负和王媪合伙开的。

刚开始，两位女老板看到刘邦喝了酒不给钱，还打算赊账，都十分恼火。

有一次，刘邦喝醉了酒，施展"死皮赖脸"的功夫赖着不走，还在酒馆中呼呼大睡。

正想用扫把赶走刘邦的王媪看到刘邦身上隐约盘着一条蛟龙，不由得大惊，以为自己眼花了，赶紧让武负过来看。

结果，武负一看，也说看到了刘邦身上有龙在盘桓的景象。

"龙"在古时候是权力和成就的象征，也是帝王同义词，早前坊间就传闻说刘邦是龙的儿子，如今看来果然不假。武负和王媪不敢叫醒刘邦，让他睡了个饱。更令她们惊奇的是，刘邦离开后的第二天，酒馆的生意异常好，好到让武负和王媪都忙不过来。于是，两位女老板就开始对刘邦心生敬意，从此不但不收他的酒钱，还将以前赊的账也一笔勾销了。

就这样，刘邦喝酒不要钱，守着一亩三分地过得还算惬意。小地方出身的他，还趁着服徭役去咸阳的时候，目睹过秦始皇的威仪。

当时，秦始皇出巡，允许百姓道旁观瞻，刘邦有幸挤进观瞻的行列当中。对于咸阳徭夫、沛县乡巴佬的泗水亭长刘邦来说，秦始皇如同天上的太阳一般灿烂辉煌，他不由得感叹道："嗟乎，大丈夫当是！"

但羡慕归羡慕，流氓的生活还是要继续。

也就在那一年，混到了不惑之年、已是中年大叔的刘邦娶到了老婆。

单父县的吕公搬家来了沛县，请客吃饭，萧何收礼的时候说："进不满千钱，坐之堂下。"刘邦也在场，可是他没有钱，又不愿意坐堂下，于是送了一个空红包，上面写一万钱。

吕公一看这么多钱，立刻跑到门口迎接刘邦，这一见不得了，他会看相，当场就说刘邦是贵人，还要把自己的女儿吕雉嫁给刘邦。

刘邦正好是单身汉，这送上门的老婆怎么能不要呢！

就这样，送了个空红包，娶了个富家千金小姐回家。

成家立业以后的刘邦酒少喝了，下班回家还得帮忙种田，可是却丝毫没有要成为贵人的样子。

有一次，吕雉带着儿子和女儿一起下田。

这时候，有一位老人家经过田间，向吕雉讨口水喝。大家闺秀出身的吕雉知人

3

情明事理，见老人年过七旬还独自上路，便招待老人家回家吃饭。

老人家在刘邦家吃喝了一顿，摸摸胡子，对吕雉说："夫人的面相贵不可言，是天下贵人之相。"吕雉听了，十分高兴，赶紧让老人家也给儿子和女儿看相。老人看着吕雉的女儿说："此女同属贵人相。"接着，吕雉将儿子刘盈带过来，给老人家看相。老人家仔细端详了刘盈片刻，高兴地说："此男乃属天下贵相，夫人所以贵者，全在此男也！"

吕雉听后大为高兴，准备好好答谢老人家，可是吕雉一转身，老人家便走了。

老人家前脚一走，刘邦就回来了，吕雉高兴地将刚才老人家看相的事告诉刘邦。刘邦听了，心中高兴，就赶紧出门追上老人家，希望感谢他。没想到老人家一看刘邦的面相，心中惊讶，久久说不出话来。

平静下来之后，老人家才说："夫人和你的儿子之所以能成为天下贵人，全因你啊，君相岂有不贵的道理。君之面相，乃属天子之相啊！"

果然，刘邦接下来的命运，被这位"预言大师"全盘相中。此后，刘邦仅仅用了七年时间便成功实现了从平民到开国皇帝的华丽转变。

> **小知识**
>
> 刘邦称帝后，一次在未央宫前殿设宴，宴请家人群臣。酒酣耳热之后，他醉醺醺地上前为父亲刘太公祝寿，并且得意忘形地说："当年您常常骂我无赖，骂我不能置办产业，比不上老二。那么现在请问：我置办的产业和老二相比，谁的更多？"

神话还是宿命
——汉高祖斩蛇起义

  成为泗水亭长的刘邦在这个职位上有一段时间了,当时秦始皇正在征召民夫修建骊山陵墓,因此,天下的民夫都要前往骊山服徭役。

  这可不比平日的徭役。当时秦国统一,为修驰道征召了不少民夫。不过修路这种事基本上人人都愿意做,因为离家不远,还很轻松,完工了就能回家。可是修骊山陵墓,搬运所需的石头都费时费力,而且累也就算了,一般给皇帝修陵墓的民夫,还会被活埋在里面,为的是避免泄密让人挖坟盗墓。

  所以,带领民夫去骊山服徭役,谁押送谁倒霉。毕竟民夫跑了也得找上好一阵子,而押送的人,根本就跑不掉。

  这一天,轮到刘邦了。他作为沛县的代表押送这些民夫去骊山修陵墓,一路上是走走停停,从沛县到芒砀山三百五十里的路程,若正常行程仅需四天左右的时间,但因为雨水较多,路途泥泞遍地,很难行走,却盘桓了十三天。按大秦律法,服劳役误了工期要杀头。一些民夫怕耽误工期被杀头,在芒砀山便悄悄地逃跑了。

  刘邦看看身后的民夫,基本上跑得差不多了。心想,自己哪怕带着剩下的人去骊山也是死路一条,况且这一路上不知道还要跑掉多少。到时候朝廷即便不杀自己,也会把自己贬为奴隶修一辈子的陵墓,活活累死自己,那多惨啊!

  想到这里,刘邦决定不能去送死,毕竟自己还有老婆孩子。于是乎,他叫人弄来好酒好菜,先吃饱喝足再说。

  篝火点上,大碗大碗的酒倒满,等三两碗酒下肚,刘邦就说了:"去是死,不去也是死,你们干脆都逃走吧,我也要跑路了!"

  民夫一听,这亭长不错,知道他们是去送死,让大家逃走,一个人跑可能跑不掉,不如一群人跑,多少有个照应。

  于是,十几个血气方刚的壮士决定跟着刘邦一起逃脱。

  不过这前后左右都是路,走哪边呢?大路是不能走了,这一群人逃亡,还有些没有跟着的,要是谁被抓了,说漏了嘴,走大路绝对是死路一条,还是走小路安全些。

  刘邦乘着酒意,打算夜里抄小路通过沼泽地,就派了一个人去探路。

很快，探路的人跑回来说："前面有一条大蛇挡住去路，看来我们得绕道。"

刘邦说："大丈夫走路，有什么可怕的！"说着，刘邦独自一人就向前走到大蛇面前举起了宝剑，手起剑落，大蛇被斩成两截，道路通畅了。刘邦斩杀大蛇之后又走了几步，只觉得醉得厉害，就地躺下睡着了。

他醉了没事，可是后面还有一群人在等着，左等右等不见人影，几个胆子大的人便决定去找刘邦，毕竟他是众人的靠山。

在探路人的带领下，没走多远就到了之前看见大蛇的地方，这个时候却没有见到大蛇，只见到一个老婆婆。

本来荒郊野岭看见老婆婆就很奇怪，这老婆婆还在哭就更奇怪了。

这些人问老婆婆为什么哭，老婆婆说："丧子之痛，焉能不哭？！"

大家顿时大吃一惊，问："你知道杀人凶手是谁吗？"

"我儿子本来是白帝的儿子，变成一条大蛇在这里挡住了道路，结果被路过的赤帝之子给杀了！"老婆婆很伤心。

大家一听，这不是胡说吗？正准备责怪老婆婆几句，一眨眼，老婆婆却不见了。

"鬼啊！"愣了一下，有人反应过来，快速向前跑去，没多久看见了刘邦，就把刘邦叫醒，告诉他刚刚发生的事情。

刘邦愣了愣，指着自己说："我刚刚杀了那条蛇。"

大家一听，原来刘邦就是赤帝之子，于是更加坚定了跟随刘邦的信心。

【斩蛇起义】

小知识

秦始皇在刘邦还是当亭长的时候，就听人说过，东南有天子云气。

因此，秦始皇几次东巡，就是为了遮蔽这天子云气。

刘邦打听小道消息挺厉害的，也听说过这件事情，觉得这说的就是自己。

于是乎，秦始皇东巡一次，他就去山里躲一次，躲得谁都找不到，只有他老婆吕雉才能找到他。

他问吕雉："你怎么找到我的？"

吕雉说："你脑袋上有云气，很容易就找到你了。"

从暴秦苛政得到的反思
——入咸阳，约法三章

天下大乱，先有陈胜吴广，后有故楚起义军，还有各路诸侯，秦朝的灭亡就在旦夕之间。

在起义军联盟之中曾经有这样的约定，那就是谁先到达咸阳，谁就做关中王。而在几路起义军之中，最有希望的便是刘邦和项羽了。

刘邦，大字不识几个，原本只是一个流氓，后来成了一个亭长，可是现在他却最先站在了咸阳城外。

原来秦军的主力拖住了项羽，刘邦的大军由此得以长驱直入。由于他的士兵从不骚扰百姓，所以百姓很支持刘邦。

刘邦到了霸上，而项羽这个时候还在函谷关外浴血奋战。

霸上，距离咸阳没有多远了，而咸阳城里，一个素衣白马的英俊少年在这里等待着刘邦的到来。

这个人便是秦王子婴，他向刘邦请求投降来了。

这个时候刘邦发现自己的理想真的快要实现了：当初说要像秦始皇那样做个大丈夫，现在秦始皇的继承人就拜倒在自己的面前。

接过了皇帝的玉玺，身后的那些人都想杀掉子婴。

刘邦摇了摇头，说："楚王让我来就是因为我为人善良，子婴都投降了，还是得饶人处且饶人吧！走走走，我们去咸阳城里面看看。"说完，就让人把秦王子婴带下去

【清朝画家上官周《晚笑堂画传》中的刘邦画像】

看管。

而刘邦的心,此时早就飞到了咸阳城里面去了。

咸阳城里面有什么?有大秦恢宏气派的宫殿群,有各诸侯国的万千佳丽和数不尽的金银财宝。

【汉高祖入关图】

当然,刘邦想到了这一点,他手下的那些人也都想到了这一点,要知道刘邦身边跟着的都是些什么人:张良是落魄的贵族,陈平是游士,萧何是县吏,樊哙是屠夫,灌婴是布贩,娄敬是车夫,彭越是强盗,周勃是吹鼓手,韩信是待业青年……大多数都是市井小民,看着这么大的便宜不占,怎么可能呢?所以都先刘邦一步跑到了秦宫里面。

将士们纷纷争着去找皇宫的仓库,每个人都挑值钱的金银财宝拿,闹得乱哄哄的。只有萧何不贪图这些东西,他先跑到秦朝的丞相府,把有关户口、地图等文书档案都收了起来,保管好。

刘邦在将士陪同下,来到了豪华的阿房宫。他见宫殿如此富丽堂皇,宫女们一个个国色天香,简直不想离开了。

部将樊哙对他说:"沛公要天下,还是要当个富翁呢?就是因为这些奢侈华丽的东西,才使得秦朝灭亡的!"

恰巧张良也进来了,他对刘邦说:"忠言逆耳利于行,良药苦口利于病。樊哙的话说得有道理,希望您听从他的劝告。"

刘邦一向信任张良,听了他的话,立刻醒悟过来,吩咐将士封了仓库,带着将士仍旧回到霸上。

临走前,刘邦召集了咸阳附近各县的父老,对他们说:"你们被秦朝的残酷法令

8

害苦了。今天,我跟诸位父老约定三条法令:杀人的人,直接处死!偷东西、抢劫还有伤人的,按情节轻重处罚。除了这三条,其他秦国的法律、禁令,一律废除!"

刘邦还叫各县父老和原来秦国的官吏到咸阳附近的各县去宣布这三条法令。

百姓们被秦朝的苛政压太久了,平时做事都是战战兢兢,生怕违反什么,听刘邦这样说,立刻欢呼起来,把自己家的好东西全拿出来犒劳军队。

当百姓们听说先进咸阳的诸侯可以成为关中王的消息就更开心了,恨不得现在就让刘邦成为关中王。

小知识

秦朝法律的主要制定者商鞅,在秦孝公死后被通缉。他逃亡到了边关,想留宿旅舍,旅舍主人不知他是商君,见他未带任何凭证,便告诉他说"商君之法"(即商鞅之法)规定,留宿无凭证的客人是要"连坐"治罪的。商鞅感叹"制定的新法竟然把自己害到这种地步",这就是成语"作法自毙"的来历。

无敌破坏王
——西楚霸王火烧咸阳城

平常人的怒火燃烧起来不会有多大的破坏力,但楚霸王项羽的怒火却把咸阳城都给焚毁了。

秦末陈胜吴广起义,天下义士云集回应,其中就包含了楚国贵族项家。当时有这样一句话:楚虽三户,亡秦必楚。项梁扶植楚国王室后裔熊心为起义军首领,联合各路诸侯起兵反秦。

一开始,楚王熊心说谁先攻破咸阳,谁就能够成为"关中王",并把关中地区划为那个人的领地。春秋时候关中地区并不富有,反而算得上是苦寒之地,但在商鞅变法以后,关中地区成为战国七雄之中最富庶的地方之一,能够和秦国相比的也只有齐国了。

这咸阳城也是商鞅变法后的产物。商鞅提升了秦国的国力,趁着齐魏交战收复了河西失地,决定把国都向东迁移,重建咸阳。在秦始皇统一天下之后,更是举国之力建设咸阳,把咸阳这个国都建成了当时中国最宏伟的城市。他还在渭河的南边兴建阿房宫,一直到秦朝灭亡都没有完成建设。

因此,熊心说把关中地区给最先进入咸阳的人,就让每一路诸侯都鼓足了劲,想率先占据这个最宏伟的城市。而在这么多诸侯里,刘邦和项羽是行动最快的。

刘邦带领着十万人,项羽带领着四十万人,但是项羽面对的是秦军主力。可以说,秦军最后的力量都被派去抵挡

【清朝画家上官周《晚笑堂竹庄画传》中的项羽画像】

项羽了,而刘邦一路上根本没遇见什么危险,直向咸阳城进军。

等到项羽好不容易大破秦军,又被函谷关的秦军给阻拦住了,而刘邦入咸阳的消息传来,更是让项羽勃然大怒,立刻派出英布带领军队猛攻函谷关,也进入了关中。

一开始,项羽还认为刘邦人少,不会和自己去抢这个"关中王"的荣耀,没想到刘邦不仅要做关中王,还要独占秦朝府库里的珍宝,这让项羽以及手下的将领谋臣十分愤怒,决意要杀掉刘邦。

项伯是项羽的叔父,向来与张良要好,他连夜奔往刘邦的军营,把事情告诉了张良。张良带项伯一起去见刘邦,求项伯解除项羽的疑心。

次日,刘邦带领一百多名骑兵到鸿门拜见项羽,解释说:"我是封存秦朝府库,退军到霸上恭候大王,闭关是为了防备盗贼,不敢违背大王恩德。"

在项羽的庞大势力下,刘邦不敢强硬,让出了咸阳城。但是这样并不能平息项羽的怒火,他把这一切都算在秦朝降君子婴的身上:都是子婴不战而降,才让刘邦如此轻易进入了咸阳城;而他项羽在外面出生入死,带领四十万将士奋勇杀敌,却什么都没有得到。这让项羽内心的愤怒更加深了一层。

最后,怒火终于引发了最强的破坏——洗劫咸阳!

项羽带领军队冲入咸阳城内,杀掉了秦朝降君子婴,望着辉煌的咸阳宫,项羽感觉很刺眼。秦军曾经大破楚国国都郢城,火烧了楚国宫室,还挖了楚国人的祖坟,项羽决定把这些一一还给秦国。

他的怒火转化成了一把大火,将街道附近的民房和街道中央的咸阳宫烧掉,街道尽头的城门也不能保住,一把火烧掉了。

仅仅是咸阳城还不够,在咸阳城外不远的阿房宫也难逃一劫。

就这样,倾尽秦朝举国之力建成的咸阳城和阿房宫,三月之间便化为了灰烬。

秦朝累积的财富全部落入项羽之手,而咸阳却成了一片废墟,宏伟的咸阳城再也没有办法重现昔日的辉煌。

毁掉这一切的项羽开始思念自己的家乡,想要带着秦朝的财宝和美女回到东边去。

这时,韩生劝项羽在咸阳建都,因为"关中地区有险可守,而且土地肥沃,在此建都,可以奠定霸业"。项羽看秦宫已烧毁,残破不堪,同时又怀念故乡,一心想回东方,便说:"一个人升官或发财以后,如果不回故乡夸耀一番,就好比穿着锦绣衣服在黑夜里行走一样,没有人会看见的。"

韩生摇摇头,没再多说,但心底却认为项羽是个没有出息、没有见识的乡巴佬。

于是,他就在背后对人说:"我以前听说楚国人虚有其表,就像猴子穿上衣服假装是人一样,现在看见项羽,才知此话不假。他真是个没有远见的人,和刘邦争夺天下,必败无疑!"

世上没有不透风的墙,不知是谁泄密,韩生的话传到了项羽的耳朵里。项羽立刻命令手下把韩生抓来,投入油锅烹杀。

由于项羽的骄傲自大,再加上战略失误,他最终走上了失败的道路。

【阿房宫图】

小知识

之前诸侯们商议好先进入咸阳的人封关中王,尽管刘邦自己让出了关中王的位置,但人们还是认为是项羽破坏了盟约。

当时的楚王熊心也指责项羽,项羽一怒之下把熊心贬谪到故楚郴县定都,把那些跟着自己打天下的诸侯一一分封。而对于刘邦,项羽想杀了他,但是出于大义又不能动手,就把刘邦弄到汉中去了。

绝境中的出路
——明修栈道，暗度陈仓

尽管按照约定，关中王应该是刘邦的，不过面对项羽庞大的军队，刘邦只能让出关中王的位置。

项羽看刘邦如此识相，也没有太难为他，只不过是在分封诸侯的时候把刘邦分封到了巴蜀一带。

陡斜的山路，狭窄的栈道，行军的时候不时有石头掉落，更不用提栈道旁深不见底的山崖了。

刘邦看着眼前的一切，也只能叹气连连。

此时，张良已经跟随韩王信走了。

刘邦想起他走之前告诉自己的话："汉王，你若想安稳于巴蜀，必须烧毁栈道，其一是为了防止其他诸侯窥伺汉中，其二是为了向项羽表示再无出汉中之意，否则危矣，危矣……"

刘邦知道张良说的是对的，可是他想要复仇，倘若烧掉了栈道，那么自己又怎么复仇呢？

这个时候，在一边的韩信却说道："我觉得这栈道应该烧掉。"看着刘邦一脸的不悦，韩信又接着说："我的意思并不是烧掉以后就不出去了，我们日后可以偷偷地从陈仓出蜀，来夺取天下。"

听到韩信这样说，刘邦的脸上立刻由阴转晴，拍手说道："就这么办！"

其实项羽也在担心，自从鸿门宴上放了刘邦，就觉得刘邦有点难对付，便把关中分封给雍王章邯、塞王司马欣和翟王董翳，让他们盯住刘邦。

这三个秦国旧将也提防着刘邦，他们

【大将军韩信】

也知道,刘邦的手下都是山东子弟,不会在川蜀定居,而是无时无刻不想回到故乡。所以三人心知肚明,刘邦一定会回来的。不过刘邦想要来关中,就得走栈道,只要把栈道守好就行了。

这个时候,刘邦已经开始实施韩信的计划,一把火烧绝栈道。

看到刘邦把栈道给烧掉了,那三个秦国旧将开心得不得了,他们最怕的就是兵强马壮的刘邦冲出来把自己给灭了。

少了刘邦这个威胁,他们就开始相互牵制、钩心斗角起来。

而刘邦做好准备后,军队整军待发,就等着找个好时机出战。首先,韩信派出几百名官兵去修复栈道。

这时,守着关中西部的雍王章邯听到了这个消息,不禁笑道:"你们自己断绝了出路,现在又来修栈道,这么大的工程,只派几百个士兵,何年何月才能完成?"因此,刘邦和韩信的此一行动,根本没有引起章邯的重视。

可是,过了不久,章邯便接到紧急报告:"报告大王!刘邦那奸贼打过来了!"

"怎么打过来的?他们不是还在修烧掉的栈道吗?"

士兵擦着头上的汗说:"刘邦使诈,明着修栈道,暗地里却攻打陈仓(在今陕西宝鸡市东)。如今陈仓被占,守将被杀。"

章邯起初还不相信,以为是谣言,等到证实的时候,慌忙领兵抵抗,已经来不及了。

最后,章邯被逼自杀,驻守关中东部的司马欣和北部的董翳也相继投降。

就这样,号称三秦的关中地区一下子被刘邦全部占领了。

小知识

韩信暗度陈仓的计策,当初张良建议烧毁栈道的时候也曾向刘邦说过。

刘邦见他们两人先后所定的计策竟然完全一样,高兴地说:"英雄所见,毕竟略同!"由此,后来又形成了"英雄所见略同"或"所见略同"这句成语。

第一篇 刘氏四百年江山——大汉王朝的戏剧性事件与后续

差一点就赢了
——刘邦的"乐极生悲"

自从占领关中以后,刘邦实力也日益强大,便想进而东向伐楚,夺取天下。

汉二年四月,刘邦三路大军会合之后顺利攻占楚军都城彭城。

而此时的项羽则陷入前所未有的危机中——

一、两线作战,此时尚未平定齐国的叛乱,若是回师救援彭城,极有可能遭受前后夹击,腹背受敌。

二、兵力的极大悬殊,此时刘邦会合各路诸侯,联军总兵力达到五十六万人,规模空前浩大,项羽此时的总兵力不详,但远远少于五十六万。

三、根本动摇,孤军深入,此时项羽的根据地尽被汉军占领,没有根基之后,成为无根之木,只能速战速决。

四、远离战场,长途奔袭,敌人则以逸待劳,利用防御工事抵抗回师楚军。

五、盟友背叛,政治大环境陷入极度孤立的状况。

面对如此危急的政治、军事局势,这位拥有破釜沉舟豪气的霸王制定了一个大胆的作战计划:诸将率领大军继续平定齐国,不仅稳定后方,而且可作为迷惑刘邦的手段;自己亲自率领三万精骑绕道彭城后方,以彭城为诱饵引刘邦上钩,然后偷袭刘邦后方,歼灭刘邦军。

于是,项羽率军西出萧县,向东进攻彭城。

此时,项羽选择的偷袭时间是清晨时分。

选择早晨发动突袭,看出了项羽对时机把握的老练,早晨敌人尚在睡梦中,正

【清朝人所绘的项羽画像】

15

【西楚霸王项羽的铜像】

处于警惕最松的时候,突然遭遇大规模偷袭,其慌乱可想而知。而自己则可以掌握敌方情况,选择合适有效的战术消灭敌人。很多将领习惯将偷袭安排在夜里,这样做的目的是一方面有利隐藏行踪,另一方面会给敌军造成恐慌。但是项羽此次的战略意图是尽可能歼灭敌军,取得最大战果。

项羽在进攻战术上选择直接攻击刘邦指挥中枢,使得敌人军队的指挥系统陷入全面瘫痪的境地,刘邦联军也就无法有效抵抗;接下来项羽要做的就是死死咬住刘邦的主力大肆斩杀敌军,不给刘邦喘气的机会;最后利用驱赶的方法把敌军逼到河边,使敌人因为拥挤掉进河中淹死或自相残杀。

正所谓兵贵而神速,刘邦的大军还在美梦之中,性命就被项羽的死神镰刀给"收割"了。

双方的实力对比是项羽军三万对上刘邦联军五十六万。

然而,让人没想到的是,项羽的军队就如同是一群恶狼杀入了羊群之中。

不过,项羽也想到了自己兵力不足,就死死地咬住刘邦联军的指挥系统。古时候交战双方都各有一面大旗,主将在哪里,大旗就在哪里,倘若这面旗倒下,就说明主将凶多吉少了。

刘邦瞬间从胜利的云端一下子落入失败的深渊,昨天还志得意满,自认为天下在握;今天早上美梦未醒,就敌从天降、疲于奔命。主帅疲于奔命,不明白实情的手下将士又毫无组织,军队就像是无头苍蝇四处乱撞,正中了项羽的算计。

就这样,刘邦联军的指挥系统瘫痪了,五十六万人的军队完全混乱了起来。项羽更是抓住机会,如同驱赶羊群一样,把汉军赶向河边。

第一篇　刘氏四百年江山——大汉王朝的戏剧性事件与后续

　　刘邦联军中的士兵一看,后有追兵,而面前是一条大河,怎么办?前面的人在想着,可是后面的人却管不了那么多,直接就把前面的人给挤下了河。也不知道谁先动手,为了争夺一条生路,刘邦联军的士兵竟然自相残杀起来。到最后睢水都被尸体给堵塞了,河水为之断流。

　　此时的刘邦正带着剩余的十多名手下拼命逃窜,不过他还算有点"良心",路过沛县想要接自己的家人,不过家人都先跑了。

　　刘邦继续向前逃窜,没跑多远,就追上了自己的儿子刘盈、女儿鲁元公主,便一起带上车。

　　可是这个时候项羽又追过来了,刘邦嫌马车跑得慢,一脚把儿子和女儿踹下去。赶车的夏侯婴下车把刘邦的儿子女儿抱上车,又继续逃亡。

　　结果没跑多远,项羽的军队又追上来了,刘邦又一脚把儿子和女儿给踹下去了。夏侯婴再把他们给抱上来,周而复始好几次。

　　眼看项羽的追兵越来越近,西北方向突然刮起大风,一时天昏地暗,刘邦与儿子刘盈、女儿鲁元公主等数十骑这才乘机成功突围出奔下邑。

小知识

　　彭城大败之后,刘邦一路西逃,丁公作为楚将,率领部队正好追上刘邦。部队已经短兵相接,眼见要性命不保,这个时候刘邦开始游说:"我们都是英雄好汉,为什么你要和我过不去呢?"丁公对刘邦早就仰慕已久,就命令手下让开一条路,放过了刘邦。

楚河、汉界
——鸿沟议和

刘邦被项羽追杀到抛妻弃子,自己的父亲刘太公以及妻子吕雉也在乱军之中被项羽给俘虏了。

刘邦跑了一阵子,心想:不能这样,得想个办法摆脱项羽的追逐!于是,他对跟在自己身边的随何说道:"我刚刚想了一个办法,你马上去游说九江王英布。我早就觉得英布想要反抗项羽了,只要能够把英布劝说到我们阵营里,那么他就可以拖住项羽,只要拖住几个月,我就一定能够夺得天下!"

随何想了想,也对,之前在彭城的失败是一时大意,只要成功,汉王就一定能够夺得天下,到时候自己是多大的功劳啊!

于是,随何就去劝说英布。

项羽确实是一个好将军,但并不能算是一个好的政治家。他可以在手下受伤的时候嘘寒问暖,却把手中的印玺看得太重,不愿意给一起打天下的手下加官晋爵。而偏偏这一点被随何给利用了,他摇动三寸不烂之舌,最后劝得英布决定跟随刘邦了。

就这样,刘邦又争取到喘息的机会,调兵遣将,重整旗鼓。

英布听了随何的话,带着手下的士兵开始攻击楚军。不过项羽也不是好欺负的,立刻派项声和龙且率领十万大军讨伐英布。一交战,英布发现自己错了,他根本就打不过项羽的军队,便节节败退。没办法,英布跟着随何抄小道去投奔刘邦了。

刘邦这个时候正好距离英布不远,就带着军队浩浩荡荡前来支持。没有项羽的楚军,在刘邦的眼里根本不算什么,不需要什么大将出马,靠人数就能够赢。

不过,这个时候刘邦想要再派出什么大将也很难,因为汉军大将军韩信正在帮着刘邦平定其他诸侯。

项羽也知道刘邦必须要由自己来对付,就一路追到了河南。面对项羽,刘邦这下没辙了:项羽是万人敌,他的战斗力太强了。

古代的战争拼的是士气,士气上来了,就可以以少胜多、以弱胜强。

看着刘邦龟缩在城池里,项羽有些困扰,攻城会损兵折将,根本就是拿人命在

第一篇　刘氏四百年江山——大汉王朝的戏剧性事件与后续

填。不过项羽手里面有人质,刘邦的父亲和妻子就押在楚军大营。于是,项羽写了一封信给刘邦:"刘季,你要是不投降,我就烹杀你父亲!"

看到这封信,刘邦笑了笑,回信说:"项羽,你忘记了吗,我们在怀王的见证下,曾经结拜为兄弟,我的父亲等于就是你的父亲,要是你非烹杀你的父亲不可,到时候记得分我一碗肉汤。"

项羽看完,气得拔剑想砍了刘邦的父亲,还好项伯在旁边把项羽给劝住了。

这时,手下报告项羽说,刘邦在阵前正在数落霸王的罪状,说他不讲信义、杀害义帝、屠杀人民。项羽听得火冒三丈,立刻扬鞭跃马来到阵前要与刘邦单打独斗,刘邦痞气十足地说:"我只斗智不斗力。"项羽更是恼火,命令弓箭手一齐放箭。刘邦赶快回马,没想到胸口中了一箭,受了重伤,差点从马背上掉下来。他忍住疼痛,扑在马鞍上,故意用手摸摸脚,说:"贼人射中了我的脚趾头!"左右手扶着他进了内帐,立刻叫医官替他医治。

楚军眼看刘邦中了箭,就等着他一死,全力进攻。

就在这紧要关头,汉王让医官用布帛扎住自己的胸脯,坐上战车到各军营巡查了一遍,汉军立刻军心稳定,斗志昂扬。

项羽听说刘邦没死,还亲自到各军营去巡查,大失所望。又听说粮道被彭越截断,更加着急起来。

这时,张良就对刘邦说:"目前楚军正缺乏粮食,已经有了撤兵的意思。不如抓住这个机会跟项羽讲和,让他把太公和夫人放回来,我们就撤兵回到关中。"

于是,刘邦就派人和项羽说:"反正你攻不进来,我又打不过你,要不我们就以这鸿沟为界,西边归我,东边归你,各自罢兵,如何?"

项羽想了想,觉得有道理,就让人把刘邦的父亲、妻子送了回去,决定议和。说实话,这真不是什么好主意。不过有什么办法呢?项羽唯一的谋臣,被项羽尊称为亚父的范增已经死了。之前刘邦的离间计让项羽不再相信范增,范增一气之下离开了楚军,他年事已高,在路上背疽发作而死。项羽没有了范增,自然也想不出

【中国秦末汉初杰出的谋士张良】

19

更好的主意。

　　鸿沟议和达成,项羽打算回江东,刘邦也准备回汉中。这时候张良和陈平出来说道:"汉王,我们不能走!现在天下一半都是我们的了,更何况楚军没有了粮食,我们要追击!"

　　刘邦想了想,和约就是用来撕毁的,于是带着军队追了上去!

　　就这样,垓下之战一触即发。

小知识

　　象棋上的楚河、汉界就是从鸿沟议和得来的。在这场战斗中,项羽屡战屡胜,可是这仅仅是局部的战争。鸿沟相持二十八个月,为韩信赢得了时间,天下大半归附于刘邦,从北方、东方对项羽形成了包围。

　　再加上项羽刚愎自用,逼离亚父范增,更是让项羽在之后的战略部署上落于刘邦之后。

　　赢了局部,却输掉了全局。不得不说,从议和开始就注定了项羽的失败。

英雄末路
——"四面楚歌"

鸿沟议和之后,刘邦不顾道义,撕破了和约开始追杀项羽。

项羽的确没有粮食了,就这么被刘邦一路追。

当然,刘邦也是有计划的,约了韩信和彭越南下,这样就可以包围项羽。

谁知计划赶不上变化,韩信和彭越没来。

项羽缓过神来,转过身追着刘邦到处跑,最后把刘邦围困在陈下。

作战虽然打不过项羽,不过刘邦胜在谋士多,于是,他就问张良:"你让我追杀项羽,现在反而是我被他包围了,韩信那几个诸侯又不服从约定,这怎么办?"

张良眼睛一转说道:"虽然汉王已经封韩信为齐王,英布为淮南王,可是那仅仅是个空头衔,没有封赏土地。彭越屡次立了大功,更是什么好处也没捞到。现在魏主豹已经死了,彭越也想封王。俗话说,重赏之下,必有勇夫。汉王想让马跑又不给马吃草,难怪他们不肯出力。"

刘邦想想,是有道理,打仗为的是什么?分钱分地!那就分吧!

他对张良说:"先生的话有道理,烦请先生告诉他们:等打败了项羽,我就把临淄一带的郡县全封给齐王韩信;淮南的土地给英布;大梁的土地全归彭越。"一得到刘邦的分封,韩信和彭越就领兵过来了,再加上刘贾带着军队联合英布大军北上,五路大军就把项羽围困在垓下。

项羽节节败退,退到了垓下。要知道这个时候项羽还有十万人马,能够在连续作战之中生存下来的士兵差不多都是精兵了。不过刘邦联军人马更多,合起来有四十余万人。

双方军队的实力对比是这样的——

刘邦联军:刘邦军四万兵马,韩信三十万兵马,彭越六万兵马,英布三万兵马,还有一些零零散散的队伍。

项羽联军:龙且三万前锋军,季布、召平、虞子期合计四万右路军,项羽亲率三万近卫军。

刘邦人多,但是项羽武力强。

于是,韩信三十万军队分成三路和项羽作战。韩信居中,刚一交战就开始败退。项羽一看,对方退了,趁机掩杀。结果,韩信早就定好了计划,左右两路冲着项羽围了上来,韩信也乘机回头包围项羽。

项羽一看中了埋伏,掉头就回去,坚决不出门。

韩信指挥各路大军把项羽重重包围,楚军屡战不胜,可是汉军一时间又无法攻入项羽的大营。

刘邦又开始问手下谋士:"现在项羽要输了,可是他不出来,有什么办法吗?"

张良这下又出来了,说道:"项羽的士兵大多是楚地人,让那些加入我们军队的楚地人唱楚歌,项羽的士兵一听,士气就会瓦解。"

"好办法!"刘邦点了点头,于是就安排人去唱楚歌。

刘邦的四十万军队里面还是能够找得出几百个楚国人,于是这些人就在项羽大营四周开始唱歌。

听着楚国的乡音,项羽军队里的楚国人也纷纷开始唱起歌来。

思乡的情绪感染了军队的每一个人,士兵纷纷落泪。

"楚歌!家乡的歌曲!"士兵纷纷惊呼。

"这里怎么会有家乡的歌曲?"

"我想家了!"

"是不是家乡已经被汉王攻下来了?"

倘若家乡被刘备占领了,那么在这里苦苦抵抗又有什么用呢?

一时间,楚军的士气被瓦解了。

项羽自然也听到了这"楚歌",顿时大惊,心想,怎么会有这么多的楚国乡音,难道自己的家乡真的被刘邦攻破了?思乡的情绪,再加上项羽想到自己的后路被刘邦给断了,陷入了危机之中,项羽决定带着八百骑兵突围南逃。

【虞姬画像】

小知识

《垓下歌》是西楚霸王项羽在进行殊死战的前夕所作的绝命诗:力拔山兮气盖世。时不利兮骓不逝。骓不逝兮可奈何!虞兮虞兮奈若何!诗中的虞指的是虞姬,她是项羽的爱妾,曾在四面楚歌的困境下一直陪伴在项羽身边,后人也因此根据项羽所作的《垓下歌》臆想她的结局是在楚营内自刎,由此流传了一段关于"霸王别姬"的传说。

功亏一篑还是东山再起？
——项羽不肯过江东

垓下之战输掉了,项羽也算机警,连夜带着八百精骑朝着南方逃跑。

第二天刘邦刚起床,通风报信的人就来了:"报告主公!项羽带了八百骑兵连夜跑了!"

刘邦一听,心里大吃一惊,项羽跑了!项羽竟然跑了!项羽跑了怎么办?他第一反应就是:"来人!给我去追项羽!"

左看看、右看看,没别人,只有灌婴在身边,便说道:"灌婴,你带三千人……啊,不!你带五千人去追项羽。"

灌婴领命,带着五千骑兵从汉军大营朝着南边追去。

而项羽已经跑出去一个晚上,领先刘邦的追兵不知道多远了。但是等到项羽渡过了淮水的时候才发现,自己的宝马乌骓跑得太快,手下几乎跟不上,从开始的八百人,到现在只剩下一百多人了。

不过项羽也知道,自己根本不能减速,要是减速领先的优势就没了。

他接着跑下去,过了淮水,就是阴陵了。

项羽没有来过这个地方,不认识路,那就找人问路了。

一边跑、一边看,路边还真有个种田的老人家。

项羽问道:"老人家,我不小心迷路了,怎么才能走出去呢?"

这种田的老人家看着项羽一群人凶神恶煞的样子,估计不是什么好人,就顺手指了一条错误的道路:"左边,你们走左边就能出去了。"

实际上,左边是一大片沼泽地。

项羽带着手下奔向沼泽地,一下子就陷入沼泽之中。

好不容易从沼泽地出来,还没有等项羽责怪那个老者怎么可以这样欺骗自己,就感觉到了地面震动。

项羽心知刘邦的追兵来了,没办法,继续跑,一边突围,一边逃亡。

跑了几个时辰,到了东城这个地方。再看看自己的手下,就只剩下二十八个人了。

项羽知道自己可能是跑不掉了,就对这些人说:"我带你们出来征战八年有余,从来没有输过！今天我被围困在这里，并不是刘邦能够击败我，而是上天不想让我赢！今天我们一起斩将夺旗，最后战死！"说完，项羽把骑兵分成四队，杀了上去。

"看着，我为大家斩杀汉军一个将领！"项羽握着武器，飞驰而下，当即斩杀了一名汉将。

汉军一不小心被项羽等人冲散了，又重新分作三路，去包围项羽。

项羽继续冲杀，又斩杀了一个汉军校尉，接着连杀数百人。

当他把手下聚集在一起，发现只损失了两个人。

看着混乱的汉军，项羽带着剩下的士兵向东边突围，来到了乌江边。

乌江亭长停船靠岸对项羽说："楚王，回江东吧！那里有上千里的土地，还有几十万百姓，在那里称王，有朝一日还可以东山再起打回来诛杀刘邦。更何况，这里就只有我这一艘船，汉军来了，没有办法渡江的。"

项羽牵着乌骓交给乌江亭长，说道："上天想要灭掉我，我就是回去又能怎么样？我带着八千江东子弟起兵，最后就剩下我一个人回去，我有什么脸去见江东父老？哪怕他们不说，我内心难道就不会惭愧吗？这天下百姓饱受战乱，倘若我起兵，又是一场浩劫，我不忍心百姓再因为战乱受苦了。这马跟随我五年了，日行千里，现在给你。"说完，项羽手持短兵器朝着汉军杀去，连杀数百人。

这时，项羽看见了汉骑司马吕马童，说道："你不是我以前的熟人吗？听说刘邦用千金买我的脑袋，我就给你一些恩惠，你拿我的脑袋去领赏吧！"

说完，项羽自杀而亡。

小知识

项羽死后，有五个人得到了他尸体的一部分，这五个人是王翳、杨武、吕胜、杨喜、吕马童。刘邦随后给他们重赏：王翳，砍下了项羽的人头，封为杜衍侯；杨武，得到了项羽的右脚，封为吴防侯；吕胜，砍下了项羽的左臂，封为涅阳侯；杨喜，得到了项羽的左腿，封为赤泉侯；吕马童，因为手脚慢了点，最后得到了项羽的一些零碎残骨，被封为中水侯。

天下太平，分封诸侯
——大汉功臣的"兔死狗烹"

先是大泽乡陈胜吴广起义，再来是刘邦项羽争霸，在项羽死后天下终于归于刘邦。

而就在项羽刚刚死去不久，刘邦马上就把韩信的兵权给夺走了。

刘邦不得不这样做：要知道韩信手上有三十万人马，万一韩信谋反怎么办？自己根本打不过。况且仅仅是把韩信的兵权拿走也不行，还得采取一点其他的措施。

于是，刘邦派人告诉韩信说："楚地刚刚收回，那里的民众需要人去安慰。听说你以前是楚国人，正好，你回楚地去。齐王就别当了，你做楚王吧！"

楚国封地可比不上之前韩信那个齐国封地，韩信之前用不出兵威胁刘邦，让刘邦给他封了从陈到大海的封地，这可比现在楚国淮北一带的封地大了两三倍。

不过即便这样，刘邦还是不放心。

此时，他虽然名义上统一了全国，事实上还是分裂。楚汉相争期间，刘邦就封了几个异姓王，后来打赢了项羽，论功行赏又不得不封。当时异姓王有七个：韩王信、赵王张耳、楚王韩信、淮南王英布、梁王彭越、燕王臧荼、长沙王吴芮，当然除了他们还有一大堆列侯，不过这些列侯顶多也就是一个县的封地，比不上这些异姓王，不仅有大片的土地，还有许多效忠于他们的家臣，更不用提他们本身就久经沙场，擅长军事斗争了。

而现在刘邦也只能稍微找个理由削弱一下韩信，万一把他们逼急了，更加麻烦。

有句话说得好，机会是留给有准备的人。刘邦一直在准备着，机会终于来了。

燕王臧荼是项羽立的异姓王，项羽一死，他就开始起兵反抗刘邦，结果兵败被灭。

接着，刘邦又等到了汉六年的一个冬天，他不知道从哪里听说韩信要谋反的消息，立刻把几个重要的大臣召来。这些人都说要出兵攻打，只有陈平表示反对，他想了想，说道："我有一个计策，皇上你名义上说去游历云梦泽，到达楚国时，韩信必定会来参见，到时候只需要几个力士就能把韩信抓住！"

刘邦一听，这主意不错，不用担心韩信得到什么消息提前谋反，到时候抓住了韩信,就能任自己宰割了。

韩信听说刘邦来到了楚地,就提着项羽旧将钟离昧的头颅,到陈来觐见。刘邦命令武士把韩信捆绑起来,装在后边的车上,押回都城,贬他为淮阴侯。

对韩信动手,刘邦觉得不过瘾,但还是给韩信留了一点情面。

过没多久,韩王信就被刘邦安放到马邑去了。

马邑是哪里?在现在的中国山西朔州,很靠近匈奴了。

果不其然,没过多久匈奴就把马邑给包围,韩王信也只能投降。

这就给刘邦绝佳的动手机会了,把韩王信驱逐到了匈奴,废了封国。

第二年,张耳死去,按理说父亲死了儿子继承王位在当时很理所当然,可是偏偏手下谋反,刘邦就用这个借口把张耳的儿子张敖贬为侯,降了级,除去另一个异姓王。

结果才过了几年,梁王彭越的太仆跑来刘邦这里告状,说彭越要造反,刘邦听后开心极了,马上叫人去把彭越抓回来杀了。彭越的军队哪里抵抗得了刘邦的军队,顿时节节败退。淮南王英布一看,异姓王基本上都是死的死贬的贬,自己横竖都是死,造反吧!结果,秋天造反,还没等春天过去就被刘邦的大军给灭掉了。

这下子刘邦分封出去的异姓王死了三个,跑了一个,贬了两个,就只剩下长沙王吴芮了。刘邦也没有想要去对付他,因为吴芮的地盘太小了。不过哪怕是这样,长沙王吴芮传了三代没有后人,因此也被废除掉了。

接下来说一说被贬为淮阴侯的韩信。自从被刘邦夺去了王位,他就一直耿耿于怀。

恰巧陈豨被任命为代相监边,来向他辞行,韩信就怂恿陈豨造反,自己做内应。

汉十年,陈豨果然造反,刘邦亲自带兵前去讨伐,韩信装病没有跟随。

正当韩信准备暴动时,消息泄露,被刘邦的妻子吕后命人杀死在长乐宫的钟室。

自此,刘邦分封的异姓王再也无法兴起波澜了。

太子之争，贵乎人心
——刘盈险中求胜

中国传统是嫡长子继承制，也就是说，王位和财产都必须由嫡长子继承。刘邦平定天下以后，便依照这种宗法制度，立正妻吕雉的儿子刘盈为太子。

但是过没多久，刘邦后悔了。因为他觉得自己的三儿子刘如意更适合当太子，当然这也有刘如意的母亲戚夫人的因素在里面。

戚夫人是刘邦后来娶的姬妾，刘邦很喜欢她，爱屋及乌觉得她生的儿子刘如意也不错，久而久之就有了把太子刘盈废掉，立刘如意为储君的想法。

要废太子，这是大事。所以刘邦首先召集那几个跟随自己多年的手下商量，他对张良、周昌、叔孙通等人说："我觉得太子刘盈太懦弱了，一点都不像我，干脆把他给废掉，立我的三儿子刘如意怎么样？你们如果同意，那么过几天朝会的时候就支持我。"

当下这几个人震惊极了。特别是叔孙通，他看重的是儒家治国，一旦制度破坏就会不堪设想，因为废太子就是破坏嫡长子宗法制。他站出来说："太子是天下的根本，怎么能够把天下大事当成儿戏呢？"

刘邦一听，很不开心，这本来是家务事，只是问问他们意见而已。于是，刘邦又看着周昌，这周昌是自己在做泗水亭长时候的老部下了，大家一起起兵的，他一定支持我，就问："周昌，你觉得怎么样？"

周昌也明确表示反对无故废太子，他本来说话就有点口吃，表达意思很吃力，最后急了，他脱下官帽道："臣口不能言，然臣期期知其不可！陛下欲废太子，臣期期不奉诏！"

这一结巴，反而把满朝文武百官都逗笑了，刘邦也跟着笑了。

刘邦又看了看张良，不用说，张良也是反对的，心想，只能等日后再讨论这件事情了。

当听到自己亲生儿子的皇位继承权遭到威胁的消息后，吕后如坐针毡，日夜不安。

她深知，自己的情敌戚夫人是刘邦最宠爱的女人，拥有"小三"的标准条件：年轻美貌、娇嗲善媚，并且多才多艺，擅长楚歌和楚舞。这个女人可不是什么省油的

27

灯,一心想让她的儿子刘如意继承皇位。而自己的儿子刘盈天性懦弱,原本就不讨父亲的喜欢,加上戚夫人的"枕边风",太子之位可是岌岌可危了。俗话说母凭子贵,倘若太子被废,自己这个皇后也做不了多久。

当她听说周昌仗义执言,感激得都快想给周昌跪下了。

可是想来想去,吕雉发现刘邦做的决定很难更改,这该怎么办呢?

就在吕雉不知道怎么办的时候,有人建议她去找张良。吕雉一想,张良是大谋士,和刘邦关系亲密,说不定还能劝住刘邦。于是,吕雉就让自己的哥哥吕泽偷偷把张良给请了过来,让张良出个主意。

张良摇了摇头说道:"打仗的时候陛下很听我的话没错,可是现在废长立幼是家务事,不是用嘴巴说就能解决。我听说陛下特别看重'商山四皓',不过那四个人很不给陛下面子,怎么都请不来。如果让他们四个人辅佐太子,或许还有一丝希望。"

吕雉一听,像是抓住了一根救命稻草般,用尽一切办法把"商山四皓"请到了刘盈的身边。

这个时候,刘邦在外平定叛乱中了一箭,感觉自己离死不远了,内心更想要完成废长立幼这件事情。哪怕叔孙通等一干大臣以死相谏,刘邦废太子的想法都没有改变。

有一天,刘邦与太子一起宴饮,他见太子背后有四位白发苍苍的老人,问后才知是"商山四皓"。

"商山四皓"分别是东园公唐秉、夏黄公崔广、绮里季吴实、甪里先生周术。

他们上前谢罪道:"以前是因为陛下轻视士人,动辄训斥责骂,臣等不愿受辱,所以逃匿深山。如今听闻太子仁孝,恭敬爱士,天下人莫不引颈愿为太子效力,臣等才会前来。"

刘邦见"商山四皓"都成了太子的宾客,认为太子羽翼已成,便放弃了废太子的想法。

吕后总算保住了儿子的储君之位,从此对戚夫人更为痛恨。

名为皇帝实为傀儡
——身不由己的汉惠帝

刘邦病死之后,十七岁的刘盈接过了大汉帝国的权柄,成为皇帝,史称汉惠帝。

这个从小在田间玩耍并帮着母亲下田干活,后来又被为了逃命的父亲差点丢弃不管的刘盈,在经历了八年备受煎熬的太子生涯后,能够成为汉王朝第二任帝王,实在是不容易。

主政之后,刘盈对大臣们非常尊重,丞相曹参不理朝政,他没有妄加责罚,而是亲自到曹参府上请教,这才有了萧规曹随的这个典故。齐王刘肥到长安觐见,他以家人之礼相待,在一起饮酒时称对方为兄长。而对于自己的竞争对手赵王刘如意和她的母亲戚夫人,刘盈也没有为难她们母子。

可以说,刘盈秉性善良,正直仁爱,具有"守成之主"的良好条件。但不幸的是,他的致命政敌竟是自己的亲生母亲吕雉。

刘邦死后,大权实际操纵在吕雉的手上。

她在老公死后做的第一件事就是命人把戚夫人抓来,剃去她乌黑的秀发,给她穿上赤土染成红色的囚衣,戴上冰冷的铁枷,关在"永春巷"的特别监狱里舂米。

戚夫人一边舂米,一边唱:"子为王,母为虏,终日舂薄暮,常与死为伍!相去三千里,当谁使告汝?"

戚夫人的这一段唱词,不仅给自己带来了灾难,也给自己的儿子带来了不幸。

吕雉听到后,破口大骂:"还想指望你儿子来救你,简直是做梦,你们母子一起到阴曹地府团聚吧!"立刻遣使把赵王刘如意从邯郸召进京内。

【汉惠帝画像】

刘盈心慈手软,不长于政治,更念及兄弟手足亲情,处处袒护刘如意。他和弟弟形影不离,连睡觉都同席共枕,不给吕雉下手的机会。

明枪易躲,暗箭难防。

公元前194年12月,刘盈外出,心疼弟弟不愿早起,就把刘如意留在宫中。刘盈一走,吕雉趁此"良机",命爪牙将其毒死。

紧接着,戚夫人也遭到了非人的折磨。她的双手双足被砍掉,眼睛被挖了出来,耳朵被熏聋,并且喝下哑药,扔在厕所里,称为"人彘"(彘,猪)。

当刘盈得知"人彘"就是戚夫人时,惊倒在地,放声大哭,说:"这不是人做出来的事!"

受到刺激的刘盈,从此之后整日借酒浇愁,不理朝政。

铲除了自己的仇敌,吕雉想了个主意:儿子刘盈因为出生的早,他父亲刘邦在外征战,一直没有给他找个对象。现在刘盈十七岁,是成家的时候了。于是,她把自己女儿鲁元公主和赵王张敖生下的女儿张嫣许配给了刘盈,想要用张嫣来控制住刘盈。

这样算起来,刘盈还是张嫣的亲舅舅,简直就是有违人伦,而皇后张嫣(此名字在正史中无记载,为了行文方便,姑妄呼之)嫁给刘盈时年仅十岁。

当时,刘盈是不同意这门亲事的,理由有二:一是辈分差别,二是张嫣年纪还小。吕雉一一驳回,说:岁数小可以长大,甥舅关系也不在五伦之列。即便是这样,对外甥女的喜欢和对妻子的喜欢还是截然不同的,刘盈和张嫣终究没有越过雷池一步。

大婚之后,刘盈时常去吕雉居住的长乐宫朝见,把自己朝堂上大大小小的事情汇报给母后听。不汇报不行,朝堂之上的吕氏外戚已经成为最大势力,哪怕刘盈不说吕雉也会知道。吕雉一手把持着大权,根本不给刘盈施展自己政治抱负的空间。

当时流传这样一个说法:吕雉居住的长乐宫是"东朝",刘盈必须服从"东朝"的指示,不能反抗也无法反抗。

难以施展政治报抱负的刘盈开始酗酒,只有在酒醉之中才能够忘记这些痛苦的事情。对于自己的皇后张嫣,他从来没有碰过,反而对自己的男宠闳孺宠爱有加。

哪怕就是这样,吕雉也要来干扰自己儿子的生活,硬生生抢走了刘盈的男宠。

面对母后的淫威,刘盈的精神和心理彻底崩溃。在位七年后,二十四岁的刘盈,终于在抑郁中离开了人间。

吕雉死后的变故
——诸吕作乱

汉惠帝刘盈死后,他的母亲吕雉扶持汉少帝刘恭登基即位,并以刘恭年幼为借口,临朝称制,行使皇帝职权。

当初,汉惠帝的皇后张嫣一直没有怀孕。吕雉就抢夺汉惠帝与宫女所生之子刘恭,谎称是张嫣所生,然后将刘恭的生母杀死。

后来,少帝刘恭发现自己原来不是张皇后生的,生母早就被吕雉杀死了,便无时无刻不想摆脱吕雉。

发现了这一点的吕雉,丝毫没有留情,命人杀掉了刘恭,另立刘宏为皇帝。

此后,吕雉大权独揽,无人与之抗衡。

这个时候,吕雉便开始大肆封赏自己的亲戚。而这个主意,一开始还是大臣们提出来的。当时正值汉惠帝刘盈死去,送行的时候作为母亲的吕雉竟然没有哭。留侯张良的儿子张辟疆就对丞相陈平说:"惠帝是吕太后唯一的儿子,你知道她为什么不悲伤吗?"

陈平摇了摇头,说:"不知道。"

张辟疆说:"那是因为高祖没有成年的孩子,她害怕你们谋权篡位。你现在请求拜吕产、吕台、吕禄为将军,统率南北军。只有吕氏家族进入朝堂,彻底掌握了实权,你们这些大臣才能够摆脱灾难。"

陈平能够爬到丞相这个位置自然不傻,当下同意了这个决定,于是,吕家的势力大举进入了朝堂。

但是吕雉并不满足这一点,她开始不断地挑战大臣们的忍耐极限,先是给吕家的人封侯,还在朝堂上提出要给吕家的人封王。

右丞相王陵第一个站出来反对说:"这违背了高祖异姓不得称王的遗训!"吕雉很不开心,就问陈平、周勃,他们二人反倒是点头同意,说:"这没有什么不可以的。"

王陵出去就对陈平和周勃说:"你们把高祖的话都忘记了吗?在这里阿谀奉承,也不觉得愧对良心!"陈平和周勃说:"在太后面前公开反对,当朝力争,我们不如你;要说保全国家,安定刘氏后代的君王地位,你又不如我们了。"

此后,吕雉先后分封吕氏家族十几人为王侯,一直到她病重临终的时候都想着巩固吕氏的天下,让自己的侄子吕禄统领北军、吕产统领南军,牢牢地控制着军权。

尽管是这样,吕雉一死,吕氏家族还是很担心刘氏会迫害自己,就开始商议谋反,只有成为皇帝才能够不害怕。

结果,这边还在开会,那边吕禄的女婿刘章和弟弟刘兴居就跑去告密了,通知他们的兄长,也就是当时的齐王刘襄。建议刘襄兴兵讨伐吕氏家族,自己和弟弟刘兴居在京师做内应,事成之后,拥立刘襄为帝。

齐王刘襄知道自己这点人还不够,就联系琅琊王刘泽来齐地临淄商量事情,结果刘泽一到,就被软禁了。

琅琊王刘泽被齐王刘襄欺骗,无法回国,便心生一计,劝诱刘襄说:"你的父亲刘肥是高皇帝(刘邦)的长子,推究根源而言之,大王您就是高皇帝的嫡长孙了,应当继位。现在我看到大臣们正在犹豫还没有确定立谁为帝,而我刘泽在刘氏家族中最年长,大臣们必然等待我去决定计策。现在大王留我在这里也没有用处,不如派我进京商议大事。"刘襄认为刘泽说得对,就准备车马送刘泽进京。

刘泽走后,齐王刘襄带领齐国和琅琊国的军队向西进发,吕氏家族派遣大将灌婴前来抵御。

灌婴驻军荥阳,派人与齐王刘襄联络,双方约定互不交战,等候朝中政局的变化。

而这边周勃和陈平早就做好了准备,他们先从掌管皇帝符节的襄平侯纪通那里拿到了掌管兵权的虎符,并用哄骗的方法说自己得到了皇帝的命令要统率北军。

进入军营后,周勃说,拥护吕氏的把右边肩膀露出来,拥戴刘氏的就露左边肩膀,结果大家都露出左边肩膀,周勃立刻控制了北军。紧接着,陈平让周勃协助刘章控制了南军,严守殿门。

这时,吕产带人准备进宫挟持少帝。可是他没有得到吕禄丢失了北军的消息,因此贸然进宫发动政变,却被刘章引兵杀死。紧接着,吕禄和吕氏一族不论男女老幼全部被杀尽。

小知识

刘章是汉高祖刘邦之孙,齐王刘肥的次子,被封为朱虚侯。

公元前182年(高后六年),刘章入宫侍奉吕后举行酒宴,席间,他唱了一首"耕田歌":"深耕之后,接着播种,苗要疏朗,不是同类,坚决铲除。"并且斩杀了吕氏家族中一个喝醉后逃离酒席的人。从此之后,吕氏家族的人都惧怕刘章,即使是朝中大臣也都归附他,刘氏的势力日益强盛。

第一篇　刘氏四百年江山——大汉王朝的戏剧性事件与后续

千军不及一占卜
——谨慎的刘恒当了皇帝

诸吕之乱平定后，群臣都不承认吕雉曾经立的小皇帝刘宏是汉惠帝刘盈的后代，因此平叛之后第一件事便是选择一个新的皇帝来带领大汉帝国继续前行。

一开始，陈平、周勃、刘章等大臣们共同商议，想立齐王刘襄为天子。

这时候，曾经被刘襄欺骗过的琅琊王刘泽站出来说："齐王的舅父驷钧，为人凶残暴戾，是戴着官帽的老虎。齐王什么事情都听他舅父的，现在让他来当皇帝，等于又扶植一个外戚集团。代王刘恒是高帝的亲生子，今又幸存，而且最为年长，不如让他来继承皇位。再者，他的母亲薄氏家没有什么势力，妻子窦氏一家更是普通百姓，根本不用担心外戚弄权的事情。"

众人听后，表示同意。

就这样，代王刘恒进入了他们的视线之中。

说句实话，在刘邦所有儿子里面要选出一个最没有存在感的，非刘恒莫属。这是源自刘恒的出身，尽管有句话是母凭子贵，但是在子贵之前也要看母亲地位的高低。

刘恒的母亲薄姬原是魏王豹的女人，后来被刘邦纳入宫中，春宵一度后生下了他。在后宫中，薄姬的姿色不如戚夫人，心机不如吕后，在儿子出生后，就遭到冷落，地位一直是"姬"，没有升到"夫人"。

在这种环境下，使刘恒养成了做事小心谨慎的习惯，不敢轻易招惹是非。因为他心里很明白，自己要是犯了错，不会有任何人来救他。大哥刘盈的母亲吕雉是皇后，三哥刘如意的母亲戚夫人是父皇刘邦最宠幸的妃子，而自己的母亲薄姬只是一个被冷落的姬妾。

不过也正是刘恒这种谨言慎行，给大家留下良好的印象，在八岁那年，作为大汉帝国仅有的八个皇子，刘恒被三十几个大臣推举成为代王，离开了长安这个是非之地，正好躲掉了吕雉的迫害。

要知道，在吕雉死后，刘邦的八个儿子，就剩下刘恒、刘长两个人。选来选去，陈平和周勃根本就没有其他人选，(后)少帝刘宏和其他几个王子都不是惠帝亲生，也就只有选这两个人。

比较之下,刘恒年纪比刘长大,符合宗法制里面的立长不立幼,而且刘恒为人老实,他的母亲地位低下,不会再发生吕雉这样的事情。正所谓一朝被蛇咬,十年怕草绳,陈平和周勃就认定了刘恒。

使臣快马加鞭通知刘恒来长安登基,可是刘恒并不开心,看见了使者,疑心重重。尽管他知道吕雉死了,吕氏家族也完蛋了,可是经历过吕雉迫害王子这样的事情,刘恒很怀疑自己是不是被骗去长安。

于是,刘恒把手下叫来,问:"你们觉得我是去还是不去啊?万一把我给害死了怎么办?"

刘恒的手下也没有几个厉害的,议论纷纷,一些人说去,一些人说不去,闹得刘恒自己都很烦,一拍桌子说道:"干脆我们来占卜,依占卜的结果行事!"

于是,大家就把占卜的工具都准备好,刘恒亲自来占卜,结果弄出来的是"大横"。占卜的人出来解释说:"'大横'裂开的纹路正当,意思是不久就会即位天王,将高祖的事业发扬光大。这天王就是说要做天子啊!恭贺吾皇!"

【汉文帝画像】

占卜的人一声大喊,刘恒周围的手下也纷纷拜倒。

为了以防万一,刘恒先让舅舅薄昭到长安去见太尉周勃。周勃向薄昭讲明大臣们立刘恒为皇帝的由来,刘恒这才启程进京。

在离长安城五十里的时候,他又派属下宋昌先进城探路。

一切都安全了,刘恒才住进未央宫,继承了大统,史称汉文帝。

小知识

在西汉时期,流行的是使用火烧龟壳的占卜方式。通过观察龟壳上的纹路变化,从而得到上天的启示。商周时期就有对占卜方式的归纳和总结,著书有《连山易》《归藏易》《周易》,这三本书流传到现在只剩下《周易》,但是在当时龟壳占卜吉凶是很常见的方式。

"医疗纠纷"引发的"人权"问题
——汉文帝废肉刑

　　肉刑是通过对身体的摧残从而达到对罪犯惩罚的目的,比如说割鼻子、削髌骨、宫刑等。这是一种不可逆的刑罚,从夏商周一直沿用到汉朝,无论是哪一项都会让受刑的人承受一辈子的痛苦。

　　而就在汉文帝刘恒成为大汉帝国皇帝之后,他颁布了废除肉刑的诏书:"犯了错,就要断手断脚、刻字惩罚,一辈子都没有办法摆脱,我看见这样的痛苦,觉得这是违背道德的,所以决定废掉它。"要知道肉刑作为一个国家的刑罚,算是一种法治。众所周知,法律不能够轻易更改,那么到底是什么原因促使刘恒做出这样的决定呢?

　　这得从一个小小的医疗纠纷案说起。

　　当时,有个叫作淳于意的人,精于医道,他原本是齐国太仓令,后辞职成为走街串巷的名医。

　　有一天,他给一个很有钱的人治病,那个人也确实是病入膏肓了,还没等淳于意用药,就死了。

　　这下惹了祸,病人家属认为是淳于意治死的,立刻跑去县衙告状。可能是当时那个官吏太昏庸,也可能是病人家属用钱买通官吏,总之淳于意很倒霉,被判有罪,得接受肉刑惩罚。

　　不过,淳于意曾经是齐国太仓令,按照规定他有特殊待遇,要去首都长安城接受肉刑,小地方无权实施刑罚。

　　走之前淳于意回家看了一眼,这一看不要紧,家里五个女儿都在哭,不由悲从中来,说:"可惜我没有儿子,五个女儿到了紧急时刻,没有人能为我奔走!"

　　这个时候,淳于意最小的女儿缇萦站出来说道:"我虽然是女孩子,但是我也可以帮助父亲!我要和父亲一起去长安,为您洗刷冤屈!"淳于意虽然觉得自己的女儿很勇敢,但是也不能够任由她胡闹,皇帝是她想见就见的吗?可是缇萦以死相逼,没办法,淳于意只好带着自己的小女儿去长安。

　　一路上跋山涉水,好不容易来到了长安城。缇萦拿着自己写的信,突破了层层阻碍向汉文帝陈诉自己的冤情:"我父亲医术精湛,不会误诊,况且生老病死是人之

【亲尝汤药砖雕】

常情,怎能因此说我父亲有罪呢?我父亲要遭受肉刑,我不仅仅为他难过,还为其他遭受肉刑的人难过,因为他们身体被残害就无法修复,连改过自新的机会都没有,我宁可做官府的奴隶,也要替我父亲赎罪!"

　　汉文帝看见了这封信,被缇萦的孝心深深感动。同时,他也认识到了,这样的酷刑会给人的身体造成极大的伤害,不利于汉初社会的稳定,于是免除了淳于意的刑罚,并下诏书废除黥(刺面涂墨)、劓(割鼻)、刖(砍断脚趾)三种肉刑。

　　接着,汉文帝颁布了新的刑罚:黥刑变成了剪掉头发,用铁束缚脖子四年。古时候有身体发肤受之父母之说,认为剪掉头发如同是损害生命一样,而比起刺面涂墨,新的刑罚无疑给受刑者增加了改错的机会。劓刑,改为打三百大板;斩左趾,改为打五百大板。

　　这样的修改,让汉文帝时期保全了更多的劳动力,也促进社会的稳定和经济的发展。

小知识

　　关于中国古代皇帝的庙号:夺取天下之功的称为祖,治理天下之德的称为宗。所以,汉文帝刘恒的庙号为太宗,谥号为孝文皇帝。他对母亲十分孝顺,是《二十四孝》中亲尝汤药的主角。

造反不成悲愤而死的刘长
——汉文帝最后的弟弟

吕雉死去以后,汉文帝登基,刘邦的八个儿子就只剩下汉文帝刘恒和他的同父异母弟弟淮南王刘长二人了。

刘长是汉高祖刘邦的小儿子,他的母亲过去是赵王张敖的美人。

高祖八年(公元前199年),刘邦巡行经过赵国,张敖把赵姬献给刘邦,赵姬因此怀孕。

在怀孕期间,张敖因为受到赵相贯高等人谋反的牵连被杀,赵姬也被关押在官府。赵姬在囚禁中对狱吏说:"我曾受到陛下宠幸,已有身孕。"狱吏如实禀报,刘邦正因张敖的事气恼,没有理会赵姬申诉。并且因为吕雉的妒忌,受赵姬托付的审食其没有向刘邦进言求情,赵姬生下刘长后,心中怨恨而自杀。

自幼丧母的刘长此后一直由吕雉抚养长大。

汉文帝即位,淮南王刘长觉得自己的哥哥成为皇帝,他也就只剩下自己这一个弟弟了,做事越来越肆无忌惮。

孝文帝三年(公元前177年),刘长自封国入朝,态度甚为傲慢。他跟随汉文帝到御苑打猎,和汉文帝同乘一辆车,还常常称呼汉文帝为"大哥"。

称皇帝为哥哥,这是大不敬,不仅如此,他还公然命随从魏敬杀死了辟阳侯审食其。说起来,审食其还挺冤的,当初他之所以没有在刘邦面前为赵姬求情,也是迫于吕雉的淫威。

对于刘长的种种恶行,汉文帝念及手足之情,不予治罪,赦免了他。

在长安这段时间,刘长简直无法无天,不仅朝中大臣都惧怕他,薄太后和太子也对他退避三舍。

刘长返回封国后越发骄纵,不依朝廷法令行事,出入宫中皆号令警戒清道,还称自己发布的命令为"制",另外制定了一套文章法条,一切模仿天子的声威,还把汉文帝刘恒派过来的官员统统赶走。

按照规定,大汉帝国的中央政府是对下面的王国有直接的管辖权,王国的丞相以及二千石的官员都是由中央政府来任命。刘长不但赶走了这些官员,还向汉文帝刘恒要自主任命宰相和二千石官员的权力。

一层一层汇报到了汉文帝刘恒那里,刘恒想了想,毕竟是自己最后一个弟弟了,就同意了刘长的请求。

有了这些权力,刘长在淮南国里更是为所欲为,时常杀掉自己看不顺眼但是没有罪的人,还随意给自己宠幸的人封爵,最高封到了关内侯的爵位。

他也时常写信给汉文帝刘恒的中央政府,里面都是一些辱骂的语言。

汉文帝刘恒的忍耐是有限度的,他实在忍受不了刘长了,就让薄昭写信给淮南王刘长。

内容很委婉却也很惊悚,里面写的是周朝初年管叔、蔡叔以及汉朝初年代顷王刘仲、济北王刘兴居骄横枉法,最后被废掉王位杀掉的故事。这明显是告诉淮南王刘长,要是再不安分守己,做哥哥是真的忍不住要动手了。

不过,淮南王刘长接到了这封信根本就没有放在眼里,反而觉得很不高兴,自己只不过是在封国里行使自主权罢了。他越想越气,索性把自己的手下七十余人召集起来,和棘蒲侯柴武的儿子柴奇商量好,打算用四十辆车子在谷口发动叛乱。

当然,刘长脑子没有坏掉,他清楚仅凭着这些人马很难成功,就派人联系了闽越、匈奴等少数民族一起谋反。

可是这件事不小心泄露了出去,有关部门开始追究谋反的来龙去脉。

汉文帝刘恒命人把刘长召到长安城来,当时的丞相张苍,还有宗正廷尉等大臣说:"按照规定,谋反是要被处死的,刘长理应被杀掉!"刘恒想了想,自己就这一个弟弟了,不忍心杀掉,于是说:"免除刘长的死刑,剥夺他的封号,流放到蜀郡去,其他参与谋反的人统统杀掉。"就这样,刘长被装在囚车里一路送到蜀郡去了。

袁盎作为刘恒的大臣,提醒他说道:"陛下,我觉得这样不对,您一直宠幸淮南王,没有为他选择严厉的丞相和太傅,所以才会到今天这种地步。淮南王我们都了解,他的性格刚烈,不可能承受这样的打击。这一路上风餐露宿,倘若病死了,陛下会背上杀弟弟的罪名。"

汉文帝刘恒摇了摇头说道:"我只是想让他吃一点苦头,现在我就让人追回来。"

谁知,汉文帝刘恒的使者还没到,淮南王刘长就因为悲愤交加,绝食而死了。

听到刘长的死讯,汉文帝哭得很伤心,对袁盎说:"我不听你的劝告,终至淮南王身死,实在是遗憾!"

> **小知识**
>
> 淮南王刘长死后,长安城有百姓同情他的遭遇,作歌说:"一尺麻布,尚可缝;一斗谷子,尚可舂。兄弟二人不能相容。"汉文帝听到后,叹息说:"尧舜放逐自己的家人,周公杀死管叔蔡叔,是他们不因私情而损害王朝的利益。天下人难道认为我是贪图淮南王的封地吗?"于是,徙封城阳王刘喜去统领淮南王的故国,而谥封已故淮南王刘长为厉王,并按诸侯仪制为他建造了陵园。

西汉王朝的第一个盛世
——厉行俭约的"文景之治"

西汉初年,经济萧条,国家贫困,百姓失去土地吃不饱肚子,出现了人吃人的现象,死亡人数超过一半。皇帝都找不到四匹毛色相同的马拉车,将相有的只能乘牛车。

到了汉文帝刘恒的时候,经济依旧处于低迷之中。

于是,汉文帝决定采用黄老之学,提倡"无为而治":休养生息、轻徭薄赋、重视农业、提倡节俭、以德化民。

这对于当时的大汉帝国来说,是最好的选择。

虽然此时叛乱已经平定,天下统一,可是在大汉帝国的北方还存着一个凶狠的游牧民族——匈奴。在秦朝的时候,秦始皇为了防备匈奴修筑了万里长城,还派了四十万军队驻守边境,甚至起义军打到函谷关下了,这四十万秦军也一步没有南下。这是因为在当时,中原文化最大的敌人就是北方的游牧民族。可是秦朝灭亡,这四十万秦军也成了无根之萍,失去了粮饷和后援,因此匈奴一次又一次南下掠夺大汉帝国子民的钱粮。

所以,汉文帝在位的时候,把匈奴视为自己最大的敌人。可是要攻打匈奴,自己国家的国力必须要强盛起来。

第一件事就是发展生产力,汉文帝并不是一出生就是皇储的身份,所以他八岁之后就离开了长安城,去了他的封地代国。在代国,他了解到百姓的生活困苦,辛辛苦苦耕田,收成的大部分却缴纳税收和田租。成为皇帝以后,汉文帝更是了解到生产力不足的问题,决定减少田租和赋税。由于田租和赋税的减少,人们生产的意愿提高,为国库粮仓输送了大量的粮食。

但是仅仅是减少税收、田租让百姓去种田还不够,毕竟人口就那么多。汉文帝想了想,下诏说:以后服役改成三年一次。这比起以前,真的是太轻松了!以前是一年一次,现在三年一次,多出来的时间做什么?种田啊!现在田租低,赋税少,不种田做什么?

一时间,仓库里面的粮食开始增多了。

要怎么做才能进一步加快经济发展速度呢?找来找去,发现只能从国有资产上动手,于是,他很大方地把属于国家的矿山、树林、河流都拿出来,给私人利用。

就这样,盐铁事业蓬勃发展,拉动了当时的经济。

可是在经济逐年增长的情况下,汉文帝依旧十分节省,他在位的二十三年里,宫室、园林、狗马、服饰、车驾等,都没有增加。当时的宴游之所,地方不够用,需要再建一个露台,汉文帝一看预算,需要用"百金",眉头就皱了起来,说:"这等于十户中等人家的财产,太奢侈,不建了。"对所宠爱的慎夫人,汉文帝也不准她穿裙摆拖地的衣服,所用的帏帐不准绣彩色花纹,以此来表示俭朴,为天下人做出榜样。汉文帝还规定,建造他的陵墓霸陵,一律用瓦器,不准用金银铜锡等金属做装饰,不修高大的坟,要节省,不要烦扰百姓。

【汉景帝画像】

汉文帝死后,他的儿子汉景帝刘启继位,依旧是沿用他父亲的那一套,轻徭薄赋。而且汉景帝刘启也注重生活上的勤俭节约,因为许多人都会学习皇室用度,当皇室节省的时候,下面的人也都会选择生活简朴。

汉景帝时期的叛乱比起汉文帝时更加严重,尽管在周亚夫的帮助之下平定了叛乱,但是对于汉景帝来说,勤俭节约、休养生息是当前最重要的施政方针。特别是从汉初开始,匈奴一直是大汉帝国的心腹大患,汉文帝、汉景帝的休养生息为后来的帝王创造了消灭匈奴、一雪前耻的条件。

小知识

刘邦在位的十二年间,后期因国家财政上的需要,税率有所提高,但惠帝于汉高祖十二年即位后,马上恢复了原来的税率,使"十五税一"保持下来,即使吕后当政也未曾改变。汉文帝时,进一步降低田租的税率,按"三十税一"征税。这是中国封建社会田赋税率最低的时期。

郡国并行留祸根
——七国之乱

汉高祖刘邦建汉之初，中央机构继承秦制，皇帝之下设三公九卿。在地方上则实行"郡国并行制"，即一方面设郡，另一方面分封同姓和异姓子弟为王，建立诸侯国。

相比于异姓王，同姓王的权力就大得多，除了太傅和丞相由中央任命外，自御史大夫以下的各级官吏，都由诸侯王自己任命。诸侯王还有一定的军权、财权等。这也造就了一个又一个国中之国，这些国中之国将来势必坐大，形成尾大不掉的局面。

汉景帝刘启登基的第三年，御史大夫晁错直言上书，希望皇帝削藩。他对景帝说："您可以随便编个借口找诸王的碴，反正您是皇帝，他们不敢把您怎么样，然后一点一点削减他们的领地和权力，最后全国的大权就可以牢牢的掌控在您一个人的手里了。"

汉景帝刘启一听，这的确是个好主意，特别是自己的叔叔吴王刘濞势力越来越大，是该出手铲除的时候了。

刘濞并不是刘启的亲叔叔，而是刘邦哥哥刘仲的儿子。不过刘濞的封地好，吴国那个地方有铜矿，古时候的货币主要是铜铸的，因此刘濞可以自己铸造货币。吴国靠海，盐是生活必需品，在当时只有海边才有，刘濞又可以贩盐。靠着盐、铜之利，吴国的经济快速起飞，自然吴王刘濞的野心也日益膨胀了。

而且，吴王刘濞和汉景帝刘启早年有仇。这还得从汉文帝时期说起，刘启当时还是太子，吴王的世子去长安朝见汉文帝，朝见完就和刘启开开心心下棋。不过吴王世子棋品不好，下不过就想悔棋，当时刘启也是年少轻狂不懂事，拿着棋盘冲着吴王世子的脑袋就砸了过去，结果把吴王世子给砸死了。杀子之仇，怎么能够让吴王刘濞释怀呢？

汉景帝采用了晁错的意见，先是找了个借口收回楚王刘戊的东海郡、赵王刘遂的常山郡和胶西王的六个县，接着又降诏削夺吴王刘濞的豫章郡、会稽郡。

吴王刘濞是块硬石头而不是软柿子，听到皇帝要拿自己开刀，随即大怒造反。刘濞联合楚、赵、胶西、胶东、菑川、济南六国的诸侯王，发动了联合叛乱。同时又派人与匈奴、东越、闽越贵族勾结,用"清君侧,诛晁错"的名义,举兵西向。

叛军顺利打到河南东部时,汉景帝慌了,只想着怎么在这些叔叔、哥哥们手里活命。惶恐万分的他听从了袁盎的建议,诛杀晁错以消除七国起兵的借口,可是丝毫没有延缓七国叛军进兵的速度。

晁错已死,叛军仍不退,还公开扬言要夺皇位。叛军至梁国,为景帝之弟梁王刘武所阻。

此时,景帝才决心以武力进行镇压。幸亏景帝手下有两个能打仗的人,一个是太尉周亚夫,一个是大将军窦婴,二位将军拒敌于下邑,并且出奇兵断了敌军粮草,最后在太尉周亚夫的率领下,仅用十个月就大败叛军,总算是让汉景帝松了一口气。

吴楚七国之乱的平息解决了汉初郡国并行制度的弊端,逐渐削掉了诸王的权力,把实权收归中央,并为日后汉武帝成就一番大业创造了基础。

【袁盎却座图】

小知识

当初,还是太子的刘启失手打死了吴王刘濞的世子,汉文帝敕命将世子的尸体送回去埋葬。到了吴国,吴王刘濞大怒,说道:"天下都是刘家的,死在长安就埋在长安,何必送回吴国埋葬!"遂又把尸体送回长安埋葬。

汉武帝刘彻始掌虎符
——平定争端的考验

王氏在怀汉武帝刘彻的时候,刘彻的父亲汉景帝刘启当时还是太子。

有一天,王氏做梦梦见了太阳进入她的怀里,她醒来就把这个梦告诉刘启,刘启说:"这个征兆说明我们的孩子身上有贵气。"

可是刘彻出生后,却不是太子,太子是刘启的宠妃栗姬的儿子刘荣,刘彻不过是个小小的胶东王。

谁知后来风云突变,刘荣的太子之位被废掉,刘彻的母亲王氏成为皇后,刘彻自然成了太子。这里面除了汉景帝的动摇外,与姑母刘嫖也有关系,刘嫖把自己的女儿嫁给了当时还只有四岁的刘彻,再加上窦太后的支持,刘彻在太子的位置上坐得十分牢固。

公元前141年,汉景帝刘启驾崩,只有十六岁的太子刘彻登基即位。因为刘彻年幼,朝政大权基本上把持在窦太后手里。

窦太后是汉景帝的母亲,刘彻的祖母。

刘彻也知道,自己能够坐上皇位,绝大部分的功劳都来自自己的祖母,自然对祖母十分恭敬,不轻易去忤逆。

西汉初年的几个皇帝都崇尚"黄老之术",追求的是无为而治,但汉武帝刘彻不同,一登基就想做出一番大事,于是,他让当时的御史大夫赵绾和郎中令王臧,请来鲁耆儒申公。申公是当时数一数二的大儒,来到朝廷跟刘彻说:"我有一个建议,把一切都恢复古时候的制度,设置明堂辟雍,改变历法,更换服装,行巡狩封禅等礼仪。我还听说皇上您总是有事没事就去请示太皇太后,这没必要,以后不要什么事情都跟太皇太后说。"

本来窦太后就对刘彻喜欢儒家感到不悦,听到儒生来蛊惑自己的乖孙儿,让刘彻不听自己的话,这等于触犯到窦太后的逆鳞。她马上让刘彻革去御史大夫赵绾和郎中令王臧的官职,把那个鲁国大儒申公送回。

祖母下命令,刘彻立刻照做。刘彻的内心之中不仅仅是敬重自己的祖母,同时还带着畏惧的心理。

汉武帝刘彻登基的时候很年轻,也知道自己的父亲、祖父都想平定匈奴,看着

43

国库日益丰盛，便时常想打到匈奴的地盘去。窦太后觉得刘彻还年少轻狂，就特地把他叫过来，告诉他现在要是开战，如果不能取得胜利就会把刘彻父亲、祖父累积下来的成果毁于一旦，更何况现在还不了解匈奴，打不过匈奴的骑兵，等等。汉武帝刘彻一听，的确有理，便把进军匈奴的事情搁置在一旁了。

而恰好在这个时候，闽越派出大军攻击东瓯，东瓯打不过闽越，只好跑来向汉武帝刘彻求援。这个时候刘彻还不满二十岁，心里也知道要是闽越吞并了东瓯，势力就会越来越大，于是把这件事情放在朝堂上来讨论。

太尉田蚡说："从秦朝的时候越人就不和中原来往了，时常打来打去，这是常事，没必要派兵相助。"

中大夫严助站出来说："我们有能力，为什么不去救援呢？现在小国来向我们求助，皇上不帮他们，他们又能去哪里求助？如果置身事外，皇上又怎么让四方的蛮夷臣服呢？"

这一番话说到了汉武帝的心坎里，他决定帮助东瓯，向这些蛮夷展示一下大汉帝国的力量。但是窦太后提出一个要求，帮助小国可以，但是不能够动用军队来平定这场争端。

汉武帝刘彻想了想，这是自己表现的机会，就让中大夫严助征调了会稽郡的水师过去，找机会帮助东瓯，同时表达大汉帝国对边境的关心。

果不其然，闽越害怕大汉帝国真的进攻自己，还没等到水师过来就自动撤兵走了。东瓯觉得要是汉军走了，闽越说不定还会来，于是，就跟着汉朝的军队一起迁移到庐江，归属汉朝的统治。

通过平定这次争端，窦太后觉得自己的孙儿真的成长了，就把虎符归还给刘彻，让他独自执掌大权。

窦太后去世后，刘彻开始着手以军事手段代替带有屈辱性质的和亲政策来彻底解决北方匈奴的威胁。他派名将卫青、霍去病三次大规模出击匈奴，收复河套地区，夺取河西走廊，征服西域，封狼居胥，将当时汉朝的北部疆域从长城沿线推至漠北。

至此，汉朝的国力达到了鼎盛。

削弱诸侯王的好办法
——唯才是举、推恩令

窦太后死去以后,汉武帝刘彻正式掌控了大汉帝国。

刘彻想要实现长辈的愿望,征讨北方的匈奴,首先要解决的就是国内诸侯国势力过大的问题。在经历汉文帝平定淮南王、济北王叛乱以及汉景帝平定七国之乱后,这个问题依旧没有妥善解决。

而且刘彻发现父亲没给自己留下能用的大臣,汉景帝的时候还有汉文帝留下来的周亚夫等能臣,可是到了汉武帝刘彻的时候就没有能用的人了。这个时候,刘彻想到了一个好办法,就是学自己的祖先刘邦广揽人才、唯才是举。

在刘彻看来,只要有学问、有本事的人就可以入朝为官,不用计较他们的出身。很快,刘彻身边就聚集了一大批能臣,比如说卫青、霍去病两个为大汉帝国东征西讨的名将就是从奴仆里面选出来的,再比如严助、张汤等人都是贫民出身,就连金日磾这样的匈奴俘虏也能成为刘彻的托孤大臣。

刘彻还规定,两千石以上官员,只要任满三年,即可任"同产若子"一人为郎官。因此,朝堂之中许多大臣都忠诚于他。同时,刘彻还允许有钱人用钱买官,这样就把大汉帝国的有钱人也团结在自己的身边了。

一时间,大汉帝国中央政权的力量逐渐凝聚了起来。

刘彻很小的时候就见识到了朝堂的险恶,也清楚各地的诸侯王还在对皇帝宝座虎视眈眈。

要知道当时最大的诸侯王有连续十座城,地盘超过千里,兵力雄厚,不愿意听从中央政府的指挥,刘彻也拿这一切没有办法。

而就在这个时候,擅长纵横之术的主父偃被齐国的儒生排挤,来到了长安城。他通过卫青,给刘彻提了个建议:"皇上,我有个办法,既可以让诸侯王接受,又可以削弱诸侯王势力。"

刘彻一听,总算有一个人能拿出主意来了。虽然刘彻也听过不少建议,自己也想了不少主意,可是总不敢轻易实施,害怕重蹈自己父亲汉景帝的覆辙。于是,他就问主父偃:"到底是什么办法?倘若和晁错的主意没有两样,你就等死吧!"

主父偃是有备而来的,怎么会被刘彻给吓唬住呢?他镇定地说道:"我这个计策就是推私恩给诸侯王的庶出子弟。把较大的一块留给嫡长子,维护宗法制,而另外一部分就给诸侯王其他的儿子来分,封他们为列侯,这样他们就会感谢皇上您了。一代传一代,过不了多久诸侯王就会从一国之地变成一郡之地,慢慢地连一郡都不剩,那个时候中央政府就能把这些土地给收回来了。"

刘彻一听,大腿一拍说道:"好主意!"

他马上把这个命令推行下去,叫作"推恩令"。以前诸侯王只能把封地和爵位传给嫡长子,现在刘彻允许诸侯王把封地分为几部分传给几个儿子,形成直属于中央政权的侯国。结果,一代一代分封下去,诸侯王的封国越来越小,从王国变成了侯国,从侯国变成一郡之地,慢慢地每个封国面积都化整为零,再也没有办法和中央抗衡了。

刘彻也因此安定了大汉帝国的内部,开始向北方匈奴伸出了自己的利剑。

小知识

主父偃,汉武帝时大臣。临淄(今山东临淄)人。其出身贫寒,早年学长短纵横之术,后学《易》《春秋》和百家之言。他在齐地受到儒生的排挤,于是北游燕、赵、中山等诸侯王国,但都未受到礼遇。元光元年(公元前134年),主父偃抵长安,后直接上书汉武帝刘彻,当天就被召见,与徐乐、严安同时拜为郎中。不久,其又迁为谒者、中郎、中大夫,一年中升迁四次,得到武帝的破格任用。

求仙和巫蛊之祸
——汉武帝的荒唐事

汉武帝刘彻即位之初,就下诏在全国寻访有道的异人,希望能够寻找到长生不老的秘方。

上行下效,既然皇帝喜欢求仙,臣民们自然要投其所好。

这一天,从齐地来了一个神仙般的人物,名字叫李少君,自称已经活了上百岁,可是看起来还是个中年人的模样。

他对刘彻说:"臣下有一个妙方,名'祠灶谷道却老方'。用祠灶炼制的丹砂,可以化成黄金丹药。吃了这种黄金丹药,可以长寿,只要长寿,就有机会到蓬莱山中面见仙人,求取长生不老的方法。臣下曾经在海上游玩,见到了异人安期生,他经常吃一种大如瓜果的巨枣。安期生和蓬莱山上的仙人们关系很好,经常往来,如果陛下虔诚,我可以引荐你和安期生见面。不过这个人行踪不定,找他有点困难。"

刘彻十分信任李少君,给了他很多封赏,敕令他建造丹炉炼制黄金丹药,并派遣很多方士,驾船去寻找安期生。

结果,丹药没有炼成,安期生也没有找到,自称不死神仙的李少君竟然一命呜呼了。

刘彻却认为李少君没有死,只是羽化成仙,他追求成仙的愿望反而更强烈了。

还好,李少君后继有人。

这个人名叫少翁,也是齐国人,比起李少君更能故弄玄虚,自称有一种"鬼神方",能在夜里将灶君和王夫人(汉武帝已故爱妃,一说是李夫人)的鬼魂招来和汉武帝见面。也不知道他用了什么方法,总之是让刘彻通过帷帐,隐约见到了与王夫人容貌相同的鬼魂。刘彻

【炼丹图】

47

对少翁佩服得五体投地,拜他为文成将军,赏赐的金银珠宝不计其数。

少翁很快名利双收,但是他的下场要比李少君悲惨得多。

一年多的时间过去了,他的"鬼神方"不见一点效果,长生不老药也没有丝毫踪迹。在刘彻催逼下,少翁就想出了一个办法,将一块写着字的布帛让牛吞下,然后装模作样地说:"这只牛的肚子里有奇怪的东西。"刘彻命人牵来牛,杀了一看,肚子里面果然有布帛,上面写着非常古怪的文字。刘彻认出这是少翁的笔迹,就逼问少翁,果然是伪造的,便一怒之下砍了他的脑袋。

李少君"羽化"了,少翁被杀死了,又有一个名叫栾大的人毛遂自荐。后来,栾大的骗术被揭穿,刘彻命人将他腰斩了。

既然刘彻相信鬼神,自然对巫蛊也是恐惧万分。

巫蛊是一种巫术,相传有人让巫师祭祀之后把木偶人埋在地里,诅咒谁,谁就会发生灾难。

刘彻晚年时,有一天在建章宫休息,偶然瞥见一名陌生男子手持武器进入中龙华门。刘彻一想,这皇宫是自己家,怎么还有人带着武器混进来呢?他马上命令侍卫抓这个人,侍卫一来,这个人吓得丢掉武器就跑。一大群侍卫竟然没有抓住这一个人。刘彻非常恼火,杀掉了掌管宫门的门候,下令全城搜查。

而这个时候,汉武帝也在通缉阳陵大侠客朱安世。丞相公孙贺请命亲自捉拿朱安世,用这份功劳去弥补自己儿子公孙敬声挪用军费的过错。

结果,公孙贺一出手就把朱安世给抓了,朱安世阴笑着对公孙贺说:"你抓我,我要你全家都倒霉!"

刚进监狱,朱安世就给刘彻写信告状,说:"公孙敬声和阳石公主偷偷在一起,他们听说皇上要去甘泉宫,就在路上埋了木偶人要害你!"

刘彻本来就被那个陌生人吓得有些敏感,接到这个举报,立刻让人去查是否属实。结果,汇报上来的人说,真有这么回事。刘彻一听,这还得了,把公孙一家全部给杀了。

这只是一切灾难的开始。

有一天,刘彻睡觉时梦见有好几千个木偶人在打自己,他猛地醒了过来。从这以后,刘彻就感觉自己的身体一天不如一天了,他觉得一定是有人给自己下了巫蛊之术。

一个字:查!

刘彻就让自己的手下江充去调查这件事情。

江充是赵国邯郸人,属于"布衣之人,闾阎之隶",也就是当时的小商人阶层。由于姻亲关系,他得以步入宫廷,成为赵王宫的上宾。为报复私怨,他诬告赵太子

秽乱后宫,导致赵太子险些被汉武帝判了死刑。

他和当时的太子刘据关系不太好。太子为人宽厚,和刘彻的行事风格不一样,因此,执法的大臣都和太子或多或少有些不愉快。特别是在太子刘据的母家靠山——卫青死了以后,日益有人看太子不顺眼。

于是,江充说:"皇上您住在皇宫里,结果梦见了这些木偶人,说明这诅咒一定是从这皇宫里面来的,我们找个巫师过来看看。"

刘彻自然是听江充的,就让巫师过来看看是不是自己的皇宫出现了问题。

巫师早就是江充安排好的,他过来一看,大惊失色地说道:"皇宫里面都是巫蛊的气息!要是不驱除这些气息,皇上您是怎样都不会好的!"

听到这里,刘彻怕了,马上让江充带人去皇宫里面查。江充找了个机会把准备好的木偶人放在太子住的地方,接着派人汇报给汉武帝说,在太子宫里找到了很多木偶人,还有诅咒的话语。

这个时候,刘彻在甘泉宫养病,并不在皇宫里,这个消息先被太子刘据得到了。由于前面有公孙一家的先例,他很担心自己会被自己的父亲杀掉。太子的老师石德这个时候说:"先下手为强,否则根本就解释不清楚。"

于是,刘据就派人去捉拿江充,把江充给杀掉。但江充的助手苏文跑了,跑到刘彻面前告状。

刘彻一开始还不相信,让人把太子刘据带过来,但是刘据这个时候哪里敢来。刘彻勃然大怒,让人带兵去征讨刘据,最后刘据在重重围困之下上吊而死。

过了很久,事情的原委才查清楚,太子是被江充诬陷的,但为时已晚。刘彻后悔莫及,建造了思子宫来纪念被自己误杀的儿子。

小知识

江充和太子刘据的仇隙源自一件小事:当时,刘据让自己的使者去甘泉宫问候汉武帝,使者骑着马走在皇帝御用的驰道上,结果被江充看见,就把刘据的使者给扣押了。刘据得到这个消息以后就派人跟江充解释,希望江充这次放过自己的人。可是江充不听,依旧把这件事情告诉了汉武帝。从此以后两个人之间有了仇隙。

49

活在权臣的阴影下
——汉昭帝"壮大多知"的背后

汉武帝刘彻创下了盛世，可是依旧逃不过生老病死。在巫蛊之乱四年后，刘彻一直都没有立下太子，最后在弥留之际立自己最小的儿子刘弗陵为太子，托孤给霍光等大臣便驾崩了。

霍光是汉武帝时期名将霍去病同父异母的弟弟，平日很得刘彻的信任。

作为辅政大臣，霍光执掌汉王朝最高权力近二十年，"帝年八岁，政事一决于光"。

尽管刘弗陵登基，成为大汉帝国的领导人，但是这并不代表皇位的争夺就到此结束。因为刘弗陵太年轻了，八岁登基，让人很想把他赶下台。

特别是刘弗陵的哥哥燕王刘旦，他太想当皇帝了。当年巫蛊之祸太子刘据死了以后，他就写信给自己的父亲汉武帝说："好久没有回过长安了，有点想念长安。而且太子的位置一直空着，这样不好，不如让我来做太子吧！"燕王刘旦很心急，但是刘彻厌恶这样的人，回了一封信大骂刘旦，还把他的封地给削掉了三个县。尽管被骂，刘旦对皇位还是念念不忘，看着自己幼小的弟弟当上了皇帝，不由得羡慕又嫉妒，总想着取而代之。

于是，刘旦就开始谋划，有前面淮南王、济北王叛乱以及七国之乱的例子，刘旦觉得仅仅靠军队起兵反抗是不行的，必须要从朝廷内部瓦解汉昭帝刘弗陵的统治。

此时，左将军上官桀进入了刘旦的视

【汉昭帝画像】

野。上官桀也是汉武帝的托孤大臣,可是他和另外一个辅政大臣霍光的关系不太好。先前,他勾结汉昭帝姐姐鄂邑长公主想要把自己的孙女送到汉昭帝的身边,霍光没同意,结果两个人就结下了仇。

刘旦的准备是足够的,他还打听到御史大夫桑弘羊因为和霍光政见不合,也想把霍光除掉。

几个人虽然最终想要得到的东西不一样,但是第一步都是要除掉霍光,于是他们就有了共同的目标。

始元六年(公元前80年),鄂邑长公主、上官桀、桑弘羊等人,袭用"清君侧"的故技,指使人以燕王刘旦的名义上书昭帝,捏造说:霍光正在检阅京都兵备,还将被匈奴扣留十九年的苏武召还京都,任为典属国,企图内外勾结兴兵造反,自立为帝。并声称燕王刘旦为了防止奸臣叛乱,要进入宫廷来护卫。

书信送达后,汉昭帝不予理睬。

次日早朝,霍光没来,上官桀对汉昭帝说:"霍光是因为燕王告发了他的罪状,所以不敢来上朝了。"汉昭帝听后十分平静,随即召霍光入朝,当面说:"那封信是在造谣诽谤,你是没有罪的。如果你真的想取而代之,根本无须如此大动干戈。"上官桀等人的阴谋被汉昭帝一语揭穿。

上官桀等人依旧不甘心,准备发动武装政变。他们计划由长公主设宴请霍光,在饮酒时将其杀死,然后废除汉昭帝。

在危急关头,长公主门下一个管理稻田租税的官员将上官桀等人的阴谋告发。

汉昭帝、霍光先发制人,将上官桀、桑弘羊等主谋政变的大臣统统逮捕,诛灭了他们的家族。长公主和燕王刘旦自知不得赦免,先后自杀身亡。

除掉了政治对手,霍光的辅政地位得到了巩固,但汉昭帝从此却活在了权臣的阴影下。

小知识

御史大夫桑弘羊和霍光政见不合,是因为盐铁问题导致的争议。桑弘羊实行盐铁官营等经济政策,尽管增加了政府收入,但是却导致了民怨四起。因此过了三年,霍光以汉昭帝的名义,取消了盐类专卖和部分地区的铁器专卖。

从废帝刘贺到汉宣帝刘询
——被霍光操纵的大汉帝国

作为辅政大臣的霍光,从汉昭帝刘弗陵开始就掌握着大汉帝国的实权。起初还有同为辅政大臣上官桀、桑弘羊在政治上牵制,可是随着上官桀和桑弘羊的失势,霍光已经是一人之下万人之上了。

而八岁为帝的汉昭帝刘弗陵也在不断成长,十四岁就有识人之明的刘弗陵或许在成年之后会有一番大作为,可是偏偏在二十一岁就驾崩了。

汉昭帝没有儿子,到底选谁做皇帝,又成了一个难题。

当然,刘氏依旧是大汉帝国的掌权人,只不过这个掌权人只能由霍光选出来。

权力会改变一个人,因此霍光在汉昭帝时期就已经享受到了这样的权力。当时大臣们就想到了让汉武帝最后一个儿子广陵王刘胥继位,但是刘胥年龄很大,不好控制。于是,霍光就让几个亲近自己的大臣说广陵王刘胥的种种不是,比如刘胥喜欢玩、不做正事之类的理由。其实在汉朝多次诸侯王叛乱以后,作为当时为数不多的诸侯刘胥根本不敢做正事,他要是整顿诸侯国吏治、训练军队,这无异于是告诉别人他要谋反。

那找谁?昌邑王刘贺,他是汉武帝的孙子,汉昭帝的侄子,最重要的是他才刚刚十来岁,方便霍光控制。

于是,霍光就让刘贺认汉昭帝刘弗陵做父,接过汉昭帝的皇位。

而刘贺少年意气,成为皇帝之后对霍光专政很不满,一看朝堂之上都是霍光的嫡系,军队也都是霍氏家族在把持,毕竟刘贺也是昌邑王,是有封国的,就把自己封国的人给提拔上来。这下子霍光坐不住了,罗列出一千一百二十七条荒唐事,甚至连皇帝刘贺没按时睡觉也算一条,说这些都是刘贺在位二十七天内犯下的。

随后,霍光让自己的外孙女、年仅十五岁的皇太后下诏罢免了刘贺。

罢免了皇帝,但是国不可一日无君,霍光还要再找一个。这个时候又有一个年龄合适,尚未成年的人选出现了:汉武帝的曾孙刘询,他的祖父是因为巫蛊之祸被废掉的太子刘据。

霍光也没有太多选择,就顺水推舟立了刘询为皇帝,也就是汉宣帝。刘询原本叫刘病已,当了皇帝觉得避讳字太多,效仿汉昭帝改了名字。

刘询和刘贺不一样,他被巫蛊之祸连累流落民间,见识过民间疾苦,又因为他的祖父是太子刘据,所以在朝堂上或多或少还有些人脉。

一开始登基的时候,霍光说要把权力归还给刘询,刘询知道霍光是试探自己,就谦让不接受,让霍光继续把持朝政。而在谒见"高庙"时,霍光陪同刘询乘车前往,刘询觉得浑身上下都不自在,如"芒刺在背"。

有刘贺的例子在前面,刘询同意朝廷上的事务都由霍光来决定。

大臣们有事先请示霍光,然后再去请示汉宣帝刘询。

【汉宣帝画像】

有着丰富生活阅历的刘询心里明白,自己初即位,力单势薄,仅凭着一个皇帝的称号是不能和羽翼丰满的霍光相抗衡的,只有保持最大的克制,逐渐发展自己的势力,寻求有利时机,才能夺回属于自己的最高统治权。

利欲熏心之下,霍光觉得还不够,想要进一步控制刘询,要把自己的小女儿立为皇后。可是刘询坚决不同意,霍光的妻子霍显就趁皇后许平君临产,害死了她。然后向汉宣帝刘询施加压力,立自己女儿为后。汉宣帝刘询这个时候也没办法了,要是不立,还不知道霍光会做出什么样的事情。

可是过没多久,刘询就把许皇后的儿子刘奭立为太子,霍显又指使自己的女儿霍皇后给刘奭下毒。结果没成功,但刘询知道后也不能追究。

一直到霍光病逝之后,刘询才正式亲政。

在亲政的第一时间,刘询就将霍家诛灭殆尽。

小知识

霍光,字子孟,出生于汉武帝年间,山西人。他是汉武帝重要的谋臣和将军,跟随汉武帝南征北战长达三十年之久。汉武帝临死之前任命他为辅政大臣,把汉朝托付给他。从此,他把持了汉朝二十多年的大权,但也为汉室中兴做出了巨大的贡献。

和亲留遗憾
——汉元帝懊悔错过美人王昭君

汉元帝刘奭是汉宣帝刘询的长子,母亲是恭哀皇后许平君。他在八岁的时候被立为太子,但因为他曾经向汉宣帝进言"持刑太深,宜用儒生",而不被汉宣帝所喜爱。汉宣帝甚至预言"乱我家者,必太子也",但顾念他是前皇后许平君的儿子而没有褫夺他的太子之位。

黄龙元年(公元前49年)十二月,汉宣帝驾崩,太子刘奭继位,是为汉元帝。

汉元帝在位十六年,"崇尚儒术",多次出兵击溃匈奴。而他最为人所知的故事是,原本可以成为他妃子的王昭君却阴错阳差地嫁给了匈奴的呼韩邪单于。

王昭君,名嫱,字昭君,晋朝时为避司马昭讳,改称"明妃"。

在汉元帝时,她以"良家子"的身份入选掖庭。

掖庭是汉朝皇室专门安置"嫔妃候选人"的处所,原本是一座监狱,经过改造成了供入选的秀女们居住的地方。那些正当妙龄的少女们,大多数都要将青春葬送在这里。

王昭君不幸成了这些"囚徒"中的一员,等待她的将是永远看不到光明的未来。

汉元帝在选妃嫔的时候,由于人数众多,就先让画师毛延寿把这些女子的相貌画下来,然后按照画上的美丑来确定是否招来宠幸。宫女们都争先恐后地贿赂毛延寿,多的给十万钱,少的也不下五万钱,都希望把自己画漂亮些。性格矜持高傲的王昭君,不甘心去巴结毛延寿。

【汉建昭中,汉元帝率左右随从,于后宫观斗兽。突然有熊逸出圈,攀栏欲上殿,冯婕妤冲上前挡熊而立,保护汉元帝免遭伤害。】

毛延寿恼羞成怒,就在王昭君的脸上点了一点。

汉元帝看到王昭君画像上的丧夫落泪痣时,认为她是个不吉的女人,便将画像扔在一边。

公元前33年,匈奴的呼韩邪单于来到长安,请求和亲。以往汉朝和匈奴和亲,都要挑一个公主或者宗室的女儿。这次,汉元帝决定挑一个宫女,就传出命令说:"宫女中有愿意到匈奴去的,可以享受公主的待遇。"后宫的宫女都是从民间选来的,她们一到了这里,就像鸟儿被关进笼里一样,都巴望有一天能把她们放出宫。但是听说要离开本国远嫁到匈奴,都打了退堂鼓。王昭君听说此事后,觉得与其在这座高墙之内耗尽自己的青春,倒不如利用这个机会赌一把,起码能拥有追求自己幸福的机会,便自愿到匈奴去和亲。

当王昭君前来面圣的时候,汉元帝才发现她的美丽容貌压倒后宫,一举一动、一颦一笑都妩媚得让人销魂,脸上根本没有什么黑痣,不由得深感惋惜和后悔。但是事情已成定局,堂堂大汉的天子得讲信誉,不能再更换人选。于是,汉元帝择日让呼韩邪单于和王昭君在长安成亲。

随后,王昭君在汉朝和匈奴官员的护送下,离开了长安,前往匈奴。王昭君走了以后,汉元帝一气之下,命人将毛延寿推出去斩首了。

【昭君出塞图】

短暂的改朝换代
——王莽借"天命"建大新

汉成帝生前没有儿子,死后由他的侄子刘欣即位,是为汉哀帝。

一朝天子一朝臣。

汉哀帝上台后,一边将太皇太后王政君的娘家人一个个赶下台,一边把自己祖母家傅氏、母家丁氏的人纷纷封侯。

作为王氏外戚的代表人物王莽只得卸职隐居新都,安分谨慎,闭门不出,严格管束自己的子弟。

在此期间,他的二儿子王获杀死家奴,王莽严厉地责罚他,并逼他自杀。这件事传扬开来,人们称赞王莽大义灭亲,克己守法。

王莽在新都闲居三年,有百余名官员上书,要求他复出。

元寿元年(公元前2年),汉哀帝将王莽召回长安。

不久,二十六岁的汉哀帝忽然死去。太皇太后王政君再次主政,任命王莽为大司马,统领禁军。

汉哀帝之后是汉平帝。

此时的王政君年过七十,朝政大权实际上归王莽掌握。

为了进一步把持朝政,王莽命人买通外夷人,让他们冒充越裳氏(南越人,一个少数民族小国),向朝廷贡献白雉(一种野鸡)。

相传,周公辅佐周成王的时候,越裳氏也曾向朝廷贡献过一只白雉。这次越裳氏又送来白雉,暗示王莽就是汉朝的周公。于是,群臣纷纷称颂王莽,说其功德可比周公,应赐号为"安汉公"。

元始四年(公元4年)夏,王莽的叔伯兄弟王舜带领官民八千人上书,说安汉公谦恭下士,辅佐幼帝,其功德只有古代的伊尹和周公才可相比,应兼采伊尹、周公称号,加封安汉公为"宰衡"(伊尹官阿

【王莽画像】

衡,周公官冢宰)。王莽上书请辞,百官一再坚持,他不得已接受了封号,但坚持不接受新增加的封地。

见王莽拒不接受封赏的土地,官民纷纷上书,上书的人竟达四十八万七千五百七十二人。

元始五年(公元5年)秋,王莽派出的八名观览风俗的使者陆续还京。他们伪造了郡国歌谣三万余首,歌颂王莽功德。

随着地位和荣誉不断提高,王莽并不满足已经实际控制的国家权力以及宰衡的称号,他决心要做皇帝。

有一次,君臣在宫中宴饮。王莽向汉平帝献上一杯椒酒,汉平帝不知酒中有毒,接过便饮,数日后死于未央宫。

汉平帝无子,王莽从汉宣帝玄孙中选了只有两岁的刘婴作为汉平帝的后嗣,历史上称为孺子婴。

皇位继承人刚一确定,就出现了请求王莽当皇帝的舆论。

当时,凡识字的人都曾上书,力请王莽当皇帝,就连文坛领袖杨雄也说出了"配五帝、冠三王"的话。

始初元年(公元8年)春,王莽终于撕下了伪装,改穿上天子的冠服,来到未央宫前殿,神圣庄严地登上了皇帝的宝座。

当了皇帝,还有一样东西要得到,那就是传国玉玺。

传国玉玺收在太皇太后王政君的手里,王莽就让安阳侯王舜去要,王政君大骂王莽欺负孤儿寡母、忘恩负义,可是面对着手握兵器的士兵,王政君无奈地把汉朝的传国玉玺扔到了地上,骂道:"等我死了,你们都要灭族!"

传国玉玺也因此碎了一个角。

于是,王莽在传国玉玺破碎的地方用金子镶嵌补上缺口,大新政权正式建立。

小知识

传国玉玺的材料取自和氏璧,是奉秦始皇的命令刻的,上面是李斯书写的八个字:"受命于天,既寿永昌"。从此,传国玉玺成为国家政权的标志,象征着王朝正统。

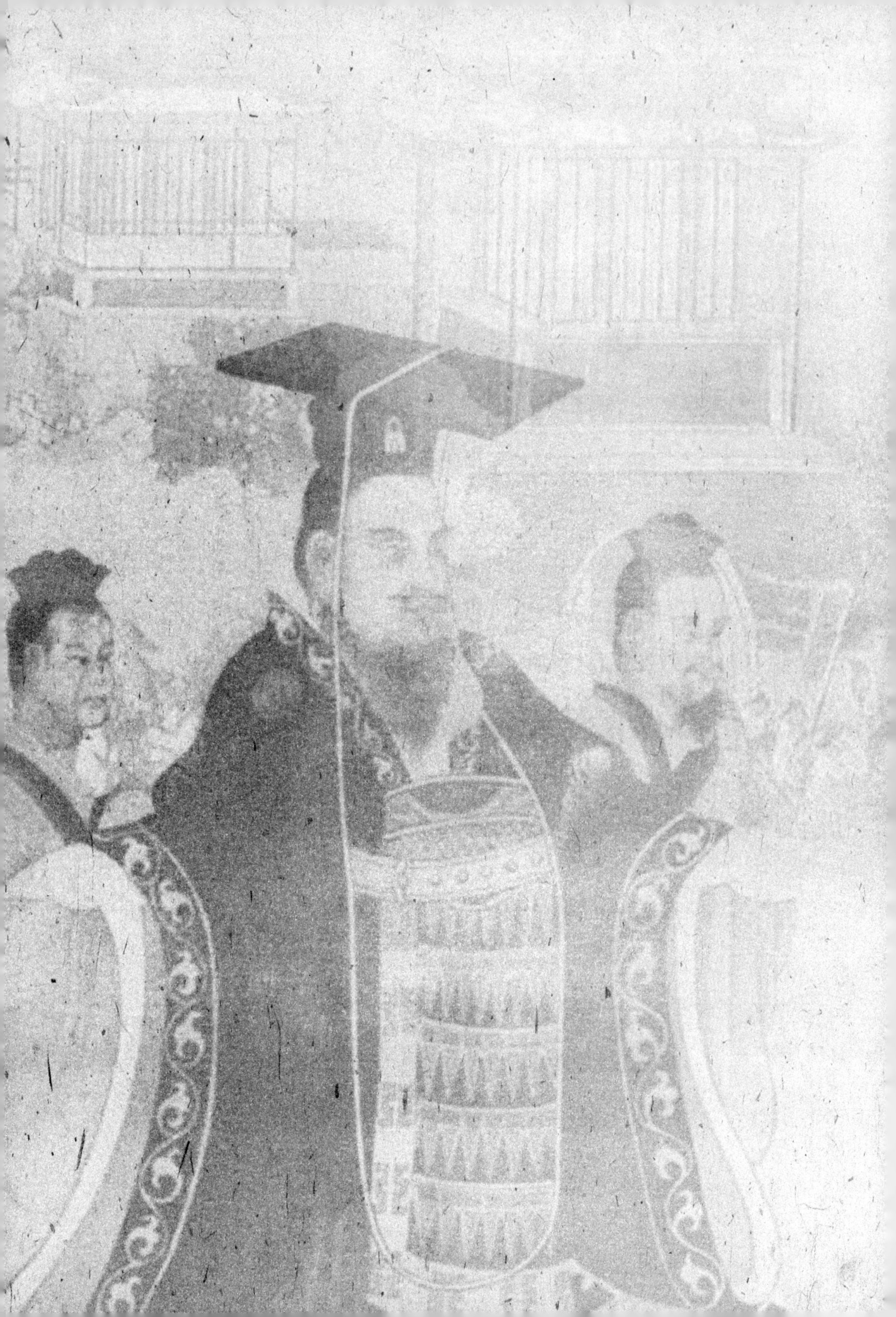

第二篇
国之栋梁、君之股肱
——少了他们,汉室何去何从

刘邦沛县起兵的幕后推手
——大汉第一相萧何

说起大汉帝国,首先想起的是开国皇帝刘邦,然后便是萧何。泗水亭长刘邦,屠夫樊哙,书吏曹参,车夫夏侯婴,还有吹鼓手周勃,都是萧何的朋友,萧何当时是狱吏。这些人志趣相投,时常在一起喝酒。

萧何对刘邦,感情更不是一般。虽然刘邦身上时常带着一些流氓气,但是萧何觉得刘邦的谈吐和普通人不一样,因此,他时常帮助刘邦。

有一次刘邦奉命押送壮丁去骊山服徭役,结果半路跑了很多人,刘邦觉得自己去也是死,不去也是死,索性就把大家放了,自己躲到芒砀山里。但是秦国法律苛刻,刘邦这样私放徭役是大罪,因此官府派了很多人捉拿刘邦。

这个时候,萧何已经是沛县功曹了,多少能够知道官府的一些动向,他时常给刘邦通风报信,让刘邦逃命。也就靠着萧何这点消息,刘邦在大山里面熬过了最危险的时期。

很快,大泽乡的陈胜吴广也因为徭役问题起义了,人们都觉得秦国暴政不能长久,纷纷反叛,自己成立起义军队或者加入别的起义军。萧何经常跑到芒砀山和刘邦聊天,想要找个机会把刘邦从深山里拯救出来。

【萧何画像】

此时,沛县县令觉得自己要是投靠起义军,万一秦国平乱成功怎么办?倘若不加入起义军,这里一旦被起义军占领了自己也会被杀。于是,他就叫来萧何和曹参,问到底该怎么办。萧何说:"我觉得现在起义军已经很多了,秦国快要完蛋了。你是秦国的官吏,百姓可能不听你的话,想要成就大事,我建议你把逃亡的豪杰请回来。"

县令听了,觉得很有道理,就问萧何找谁。萧何就向县令举荐刘邦。县令一开始觉得很为难,但是又想到虽然刘邦有罪,毕竟以前也是自己的部下,就让人把刘邦找回来。

第二篇　国之栋梁、君之股肱——少了他们，汉室何去何从

刘邦听说要起义了，立刻带着跟随自己的"骊山逃役"赶了回来。

谁知，县令一看刘邦带了这么多人回来，反悔了，认为自己操控不了这支队伍，马上命令："关闭城门，逮捕萧何、曹参。"

刘邦看见城门紧闭，知道不妙，正在这个时候萧何和曹参跑了出来。

萧何给刘邦出了一个主意，写一封告父老书："天下都饱受秦朝的暴政，因此起义军越来越多，很快就要打过来了。大家还帮着县令守城，到时候城破了大家都得死。不如现在先下手为强，把县令给杀了！"信绑在箭上射到城里，沛县百姓看了以后就把县令给杀了。

县令死了，总要选一个领头的。萧何、曹参此时也有自己的打算，担心一旦大事不成，落个诛灭九族的下场，所以他俩都不敢做县令，一再尽力推让刘邦。百姓们也说："刘邦生来不凡，并且还占卜过，应该富贵。"

【刘邦画像】

但是刘邦坚决不做沛县县令，众人也不好再勉强，只得称他为沛公。

就这样，刘邦在萧何等人的支持下，终于迈开了大业的第一步。

此后，萧何跟随在刘邦身边，为刘邦调配粮草出谋献策，成了汉朝初年的第一位丞相。

小知识

萧何，(公元前257年—公元前193年)，秦朝沛郡丰邑人，汉朝初年丞相、著名政治家，和张良、韩信并列为"汉初三杰"。楚汉战争时，他留守关中，使关中成为汉军的巩固后方。汉朝建立后，萧何采摭秦六法，重新制定律令制度，又协助刘邦消灭韩信、英布等异姓诸侯王。刘邦死后，他辅佐汉惠帝，死后谥号"文终侯"。

仗义多是屠狗辈
——对刘邦至死不离的樊哙

论到对武将的信任,在刘邦的心中只有一个人是他最为信任的,那就是从起兵开始就跟随着刘邦的樊哙。

刘邦身上有着一种寻常人没有的人格魅力,因此很多人愿意和他交朋友。早年屠狗、后来又成为捕役的樊哙也不例外。他和刘邦的关系特别好,好到什么程度呢?能用一个碗喝酒吃饭,甚至刘邦逃到了芒砀山里,樊哙也要跟着刘邦。

刘邦起兵时,最初跟着刘邦的人,没有几个能打仗,力气最大的就数樊哙了。因此,樊哙就是刘邦手下的大将,同时还是刘邦的护卫,不知道为刘邦挡过多少刀子。

刘邦进入关中,引起了项羽不满,于是,刘邦就带了张良和一百多名随从去给项羽赔罪,樊哙担心刘邦的安全硬要跟随。鸿门宴的时候,樊哙作为刘邦的保镖,没有得到项羽的邀请不能进去。

可是,宴会才刚刚开始,张良就急急忙忙跑出来说:"大事不好了!项庄拔剑起舞想刺杀沛公!"

听到这个消息,樊哙心急如焚,马上拿起武器冲了进去。

大营门口站着项羽的侍卫,看到樊哙一手持剑一手握盾冲过来,就将手中的长戟朝樊哙刺去。

【樊哙画像】

樊哙丝毫没有在意,拿着盾牌挡住了长戟,用力一撞,就把侍卫们给推开,冲进了大营里面。

进了大营里面,樊哙也不说话,就这样看着项羽。项羽握着手中的长剑,也有些被樊哙吓住了,问:"这个人是谁!胆敢伤人!"张良站出来说:"这是沛公的手下樊哙。"项羽一听原来是刘邦的人,忌惮变成了欣赏,赏赐给樊哙一杯酒和一条猪

腿,樊哙也不客气,全都喝光吃光了。

后来,刘邦成功从鸿门宴上逃离,在垓下之战中战胜项羽,称帝建汉。可是大汉帝国刚刚建立,分封的诸侯王就不断地叛乱。刘邦不相信别人,只相信一直跟随着自己的樊哙。南征北战,樊哙一个人就斩首了一百七十六个首级,攻下了五个城池,平定了六个郡,成为大汉帝国从创立到稳定的重要将领。

到了英布造反的时候,刘邦已经病重了,不想见任何人。过了十多天,樊哙忍不住了:自己和大哥刘邦最好,为什么现在都不见自己了?他带着一帮大臣直接冲到了刘邦的房间,一脚把门踹开,发现刘邦正枕着一个宦官睡觉。

看见刘邦没有什么大事,樊哙反而哭了起来,痛哭流涕说道:"皇上生病了,大臣们都很担心,可是您什么事情都不跟我们说,只和宦官在一起,难道忘记了秦朝的赵高是如何祸乱朝政的吗?"刘邦听后,笑了笑说:"看来关心朕的只有樊哙你啊!"

其实樊哙不仅仅是刘邦的粉丝,他和刘邦还有另一层关系:刘邦妻子吕雉的妹妹吕须正是樊哙的妻子,也就是说樊哙还得叫刘邦姐夫。不过也正是这层关系,差点让忠心的樊哙丧了命。

当时,樊哙在外平叛,有人跟病重的刘邦说:"皇上您现在身体不好,要是不幸死去,樊哙会不会和吕后一起干预朝政呢?"刘邦为了自己的江山社稷,就派陈平过去斩了樊哙。

陈平觉得刘邦可能说的是气话,就把樊哙带回了京城。

幸好在路上的时候刘邦已经病死了,吕雉马上放了自己的妹夫樊哙。

被释放的樊哙听说刘邦死去,号哭不已。

小知识

樊哙:(公元前242—公元前189年),沛县人,西汉开国元勋、大将军、左丞相,著名军事统帅。为吕后妹夫,深得汉高祖刘邦和吕后的信任,生前封舞阳侯,死后谥武侯。

雄兵百万抵不上一个好军师
——张良投汉

想到谋臣,寻常人都会认为是手无缚鸡之力的文人。张良不同,他出生于韩国的贵族世家,祖父和父亲任韩国宰相一共五朝,而到了张良这一代,韩国灭亡了。

张良对此表示十分的愤怒,发誓此仇不报誓不为人。

有一次,秦始皇东巡,张良就买通了一个大力士,为他打造了一个一百二十斤的大铁锥,埋伏在秦始皇东巡的道路上。可是秦始皇的车队过来的时候,张良傻眼了,车子太多,真真假假分不清楚。张良知道不能犹豫,就选择了一辆最豪华的车子,让大力士把大铁锥掷过去打死了里面的人。很可惜,秦始皇多疑,害怕被别人刺杀,在另外一辆车子上。

一击不中的张良逃跑了,在一个小镇上偶遇黄石公,几经波折,黄石公决定授予张良《太公兵法》。

相传,《太公兵法》是商周时期姜子牙写的,里面有各种计谋策略。黄石公说:"读完这本书,你就可以做皇帝的老师,辅佐皇帝。十年以后天下大乱,你可以用这本书兴邦立国。十三年以后,你再来见我。"

得到这本书之后,张良努力研读,学到了其中的精髓。

过了一阵子,陈胜吴广在大泽乡揭竿起义,天下反秦者纷纷响应。张良也在当地成立了一百多个人的队伍反秦,但人数太少,根本没有什么作为,他就决定找个人去投靠。恰好这个时候遇见了刘邦,张良给刘邦出了不少主意,刘邦都欣然接受,于是张良认为刘邦是明主,决定追随。

天下反秦势力越来越强大,项羽拥立的楚怀王熊心把大家都叫过来商量事情。张良也跟着刘邦去了,这个时候他没有忘记光复韩国,就提议道:"现在既然立了楚国国君,那

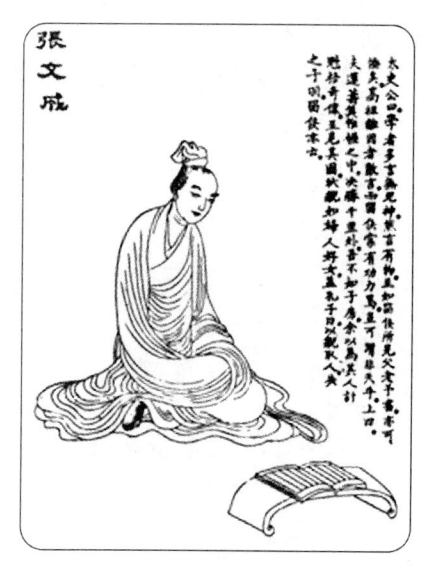

【张良题跋坐像】

64

么韩国公子成不错,可以立为韩王。"张良和项羽之前关系也不错,听到张良有这个要求,便同意立公子成为韩王,让张良做了韩国的司徒,也就是宰相的位置,张良复国的愿望实现了。

由于还要共同讨伐秦国,张良跟随着韩王,和刘邦兵合一处打算从武关进入关中。韩王留守韩国故都阳翟,刘邦让张良跟着自己。到了宛城的时候,刘邦怎么打都没有打下来,就想绕路。张良觉得这样不行,要是绕过去,宛城的秦军抄自己后路怎么办?于是,他给刘邦出了一个计策,离开以后抄小路回来,劝降宛城的地方官,兵不血刃拿下了宛城。

后来,刘邦攻下咸阳,被项羽嫉妒,设下鸿门宴要害刘邦。张良从项羽叔父项伯那里得到消息,又把刘邦从危机之中救了出来。

等到刘邦被分封到了汉中,见到天下此时也安定了下来,张良决定回到韩国辅佐韩王成。

在离开的时候,张良对刘邦说:"烧毁栈道,减少项羽的疑心,给自己赢得喘息的时间。"也正是依靠这个建议,让刘邦后来从陈仓出了汉中,攻下了关中地区。就在项羽想要发兵讨伐刘邦的时候,张良又劝说项羽,让项羽把注意力放在东边平定叛乱上。

但是张良万万没有想到的是,项羽竟然借口韩王成叛乱,在彭城把韩王成给杀了。这让张良辅佐韩王成的心愿破碎,项羽成了张良不共戴天的宿敌。

这个时候,张良想到了刘邦,就在乱军之中逃离了彭城,来到了刘邦的身边。此后,他给刘邦订下不少计谋,比如在荥阳之围的时候,韩信迟迟不发兵,要刘邦封他为代齐王,刘邦大为恼怒,大骂出口。张良知道这个时候韩信的重要性,踩了刘邦一脚,刘邦反应过来说道:"男子汉大丈夫,要做就做真齐王,何必做代理齐王!"于是靠着韩信的援兵,楚汉战争发生了逆转,最后奠定了大汉帝国的基业。

刘邦登基以后,张良深知"鸟尽弓藏,兔死狗烹"的教训,慢慢淡出了朝政开始隐居。

小知识

张良:(公元前250年—公元前186年),字子房,后来被封为留侯,谥号文成,颍川城父人。他是汉高祖刘邦的谋臣,汉朝的开国元勋之一,和萧何、韩信同为"汉初三杰"。汉初,高祖刘邦在洛阳南宫评价他说:"夫运筹策帷帐之中,决胜于千里之外,吾不如子房。"后世敬其谋略出众,称其为"谋圣"。

天下最好的车夫
——舍身救惠帝的夏侯婴

刘邦的朋友很多,沛县刽子手夏侯婴也是一个。那时候夏侯婴仅仅只是沛县马房的车夫,每次驾着马车完成任务以后,常会经过泗水亭。刘邦就在泗水亭做亭长,时常会拉着夏侯婴聊天,而且一聊就是大半天。

很快的,夏侯婴也当上了小吏,成为和刘邦同一个阶层的人,关系日益密切,没事就在一起聊天打闹开玩笑。俗话说"顽皮顽皮玩掉皮",一个不小心,刘邦开玩笑时把夏侯婴给弄伤了,结果有小人把这件事情悄悄报告给上面。

刘邦的泗水亭长,按照秦国的规定,官吏伤人要从严处罚。这个处罚很严重,一不小心处死也不是没有这个可能。刘邦害怕,狡辩说自己没有伤害夏侯婴。本来就是开玩笑,夏侯婴和刘邦的关系也很好,于是就向官府证明自己没有被刘邦伤害。可是谁都没有想到,小人搞鬼,硬要夏侯婴承认自己被刘邦给伤害了。

刘邦是夏侯婴的好朋友,夏侯婴怎么样都不开口,结果被关押了一年多,断断续续挨了几百大板,被打得血肉模糊,差点死去。但是他死活不招,官府也没有办法,只能把夏侯婴放了出来。

后来,刘邦造反,夏侯婴丝毫没有犹豫,开始追随刘邦。

在战场上,夏侯婴屡建奇功,一路打到胡陵。萧何和夏侯婴跑去招降泗水郡郡监,在动之以情晓之以理后,竟然让泗水郡郡监把胡陵给交出来了。不过,论到夏侯婴最勇猛的时候,是他追随刘邦一路抗秦,在雍丘手刃李斯的儿子李由。

韩信投靠刘邦以后,不小心触犯了连坐法,同犯十三人都被杀。尽管这个时候夏侯婴已经是将军了,偶尔还是会客串一下刽子手的角色。韩信一看,竟然是将军夏侯婴亲自动手,连忙说:"别杀我,别杀我,我可是人才啊!沛公不是要天下吗?怎么能把我这样的人给杀了呢?"夏侯婴一听,愣住了,再看韩信长得也不错,就和他聊了一下,觉得这是个人才,就把韩信推荐给刘邦。结果刘邦不用,最后还是萧何把韩信追回来的。

后来,战场形势转变,楚汉大战开始。原本一开始形势大好,结果在彭城太过于放松,被项羽一场偷袭打得数十万军队纷纷逃亡。刘邦也在逃跑,夏侯婴负责赶马车,他靠着娴熟的赶车技术让刘邦在乱军之中毫发无伤。在路上,夏侯婴还遇见

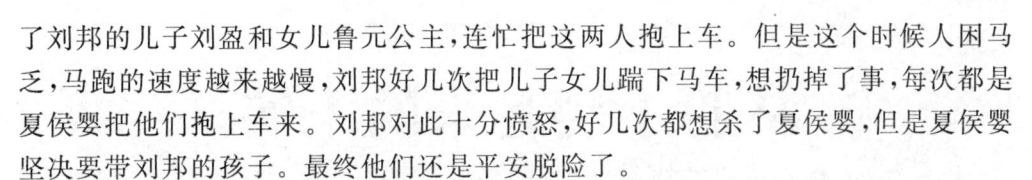

了刘邦的儿子刘盈和女儿鲁元公主,连忙把这两人抱上车。但是这个时候人困马乏,马跑的速度越来越慢,刘邦好几次把儿子女儿踹下马车,想扔掉了事,每次都是夏侯婴把他们抱上车来。刘邦对此十分愤怒,好几次都想杀了夏侯婴,但是夏侯婴坚决要带刘邦的孩子。最终他们还是平安脱险了。

　　就因为这次救了一命,汉惠帝刘盈登基以后,特地把靠近皇宫的宅邸赐给夏侯婴,取名叫作"近我",意思是让夏侯婴离他更近一点,用这个名字来表示对夏侯婴舍命救自己的恩情。

小知识

　　夏侯婴:(?—公元前172年),沛县人,西汉王朝的开国功臣之一,长期担任太仆,封为汝阴侯。三国时期著名人物夏侯惇、夏侯渊、夏侯霸、夏侯玄、夏侯献、夏侯和以及写《魏书》的夏侯湛,都是夏侯婴的后裔。

从胯下爬起来的王侯
——大将军韩信

常说大汉帝国是由三个人辅佐刘邦建成的：粮草有萧何，谋划有张良，带兵有韩信。在没有成为将军的时候，韩信还是一个平常百姓。

那时候的他居住在故乡淮阴，因为贫穷，韩信迫于生计时常偷东西，被人认为他的品德不好。在当时的秦朝想要做官，还得看平时的品德，首先韩信这一关就过不去，不能被推举成官员；想要经商，韩信又没有本钱；想要去种田，韩信是淮阴城里面的人，没有田给他种。那他靠什么维持生活呢？看谁家煮饭了，韩信就去讨一点来吃。所以谁见到韩信都不喜欢他。

后来饿得实在没办法了，韩信就跑到河边抓鱼吃。恰好河边有个洗衣服的老婆婆，看见韩信这么可怜，就天天给韩信送点饭吃，一连送了好几十天，直到这个老婆婆不洗衣服了。韩信很感动，拍着胸脯说："等我以后建功立业，一定要好好报答您！"

老太太却很生气，把洗衣服的盆子往地上一摔说道："作为一个男人，你连养活自己的能力都没有，我是可怜你，才给你一碗饭吃，难道我指望你报答？就你现在这个样子，你有什么能力报答我？"

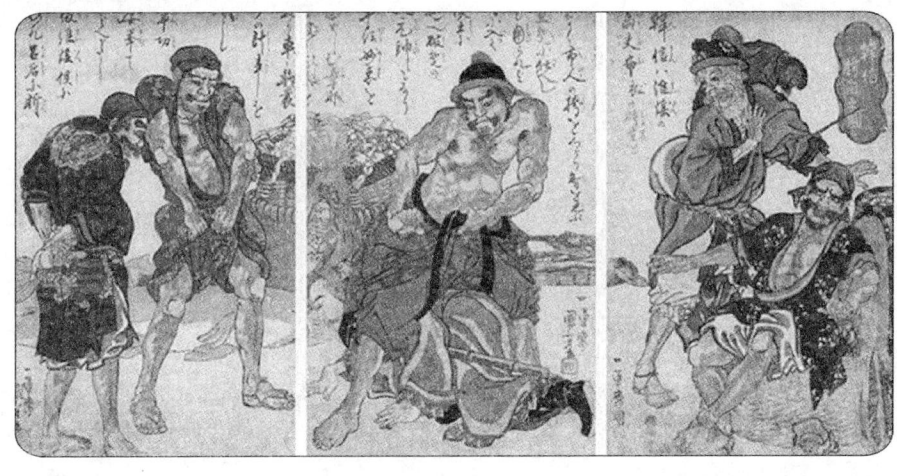

【胯下之辱，歌川国芳绘】

韩信觉得羞愧极了。

有一天,韩信在淮阴城散步,结果跳出一群无赖来找麻烦。这些人以前和韩信有过节,现在趁着人多特地来羞辱韩信。领头的那个对韩信说道:"你虽然腰佩长剑,但我猜你是个胆小鬼。有胆量你就刺我一剑,没胆量你就从我胯下钻过去。"

韩信一看他们人多,哪怕自己捅死一个人,也要一命抵一命,男子汉大丈夫,以后还要建功立业,不能就这样白白葬送了自己的性命。一番思考后,韩信毅然决然地从无赖头目的胯下钻过。

很快的,农民起义风起云涌,韩信觉得自己的机会来了。没有办法做官,也没有办法经商,但是自己可以去当兵。只要能够立功,封王都不成问题。于是,韩信就投靠了距离自己最近的起义军——项羽的部队。

可是,在西楚霸王项羽的眼里,韩信不过是一个穷困潦倒的人,不仅如此,还是一个胆小懦弱的人,因为他钻了别人的裤裆。

这种小角色,自然难入英雄的法眼。

韩信在项羽的手下当了一个小小的郎中,多次进言献计都得不到采纳,便逃离了楚军,归附了刘邦。

韩信满心欢喜去投靠刘邦,却只做了一个接待宾客的连敖。时运不但没有转好还越变越坏,因军中的犯法事件受牵连差点被砍了脑袋,多亏夏侯婴相救才保全了性命。夏侯婴见韩信气宇非凡,就向刘邦推荐他,提升为治粟部尉。

韩信在任职期间认识了一位对他一生荣辱有莫大关系的人物——萧何。经过多次往来,萧何发现韩信很了不起,竟然懂得军事,一谈军事,更是不得了。最后萧何认定,韩信的能力被严重低估,被安错了位置。

萧何向刘邦多次举荐韩信,可惜,刘邦没怎么重视这件事。

这下,怀才不遇的韩信又选择离开。

还好,萧何在后面紧追不舍,把韩信给追回来了。

韩信看萧何这么诚心诚意,就提了一个"小小"的要求,要刘邦登台拜自己为大将军。结果萧何还真的同意去劝说刘邦,过没多久刘邦果然封了韩信为大将军。

【描绘萧何月下追韩信的瓷瓶】

当下韩信就给刘邦出了一个"明修栈道暗度陈仓"的主意,正好和张良的建议不谋而合。于是，刘邦就让韩信负责指挥这支大军，烧了栈道，从陈仓偷袭，一举攻下关中地区。

楚汉争霸时，韩信带着人马去收复齐国。在这期间，刘邦被项羽给包围了，急需韩信的救助。但是韩信却见死不救，野心膨胀，给刘邦写了一封信："老大，现在齐国不稳定，应该让我当代理齐王，这样我才能维护好秩序，然后来救你。"

刘邦看了信大怒，后来在张良的提醒下，说："男子汉大丈夫，做代理的齐王有什么意思？干脆你就做个真齐王吧！"收到刘邦的信，韩信立刻带兵救援刘邦，设下十面埋伏，在垓下一举击败了项羽。

可是后来，刘邦对韩信不救自己的事情耿耿于怀，剥夺了他的王位，贬为淮阴侯，最后由吕雉处死了韩信。

【韩信画像】

小知识

韩信：(约公元前231年—公元前196年)，西汉开国功臣，杰出的军事家，中国军事思想"谋战"派代表人物。萧何称他是"国士无双"，刘邦评价说："战必胜，攻必取，吾不如韩信。"作为统帅，韩信率军出陈仓、定三秦、擒魏、破代、灭赵、降燕、伐齐，直至垓下全歼楚军，无一败绩，天下莫敢与之相争；作为军事理论家，他与张良整理兵书，并著有兵法三篇。

盼到了封王，也盼到了死亡
——功成身死的彭越

在大家都起兵反秦的时候，彭越没有出手；等到刘邦灭楚的时候，他毅然决然地选择了刘邦。

彭越一开始只是渔民，当然仅依靠捕鱼是无法养活自己的。所以，彭越还有一个兼职——偶尔客串一次强盗。

没办法，秦朝苛政厉害，各种税收加在一起，根本生活不下去。

结果，鱼没有捕多少，反而强盗这份兼职做得不错，收入挺高的。就在这个时候，陈胜吴广起义了，大家有样学样，跟着起义。彭越的手下觉得，自己也可以起义，几百个兄弟，好歹也能攻打一个县城，到时候里面的金银美女都是弟兄们的。于是，他们就跑去和彭越提意见说："老大！我们别做强盗了，名声多不好，你看看隔壁那张二麻子几百个人起义，现在都做上县令了！"彭越说："不急、不急，现在是陈胜、项梁这两条龙相斗，我们再等一等。"

彭越的小弟想了想，的确是这么回事，要是起义失败了，那就是叛贼！虽然强盗的下场也好不到哪里去，但大体而言还是做叛贼的风险大！

时间过了一年多，野湖泽周围的年轻人聚集了一百多人找到了彭越，对他说："我们想跟着你，但是你要带领我们起义。"彭越想都没想就拒绝了，说道："起义风险太大了，失败怎么办？"可是耐不住这些人的再三要求，彭越说："好！那明天早上太阳升起的时候你们过来，迟到的就军法处置，直接杀掉！"

等到第二天，太阳出来了，但是陆陆续续还是有十几个人迟到，最后一个人到了中午的时候才过来。

彭越摇了摇头说道："我年纪大了，你们却一定要我做老大。现在，迟到的人太多了，我不忍心杀，就杀最后一个人吧！"

大家还以为彭越是开玩笑的，嘻嘻哈哈地说："好啦！老大就饶了我们这一次，以后我们再也不犯了。"可是彭越就像没听见一样，走过去一刀就把最后来的那个人杀掉了。

大家都十分震惊。

彭越借此命人设置土坛，誓师起义。接下来，他一边夺取土地，一边收拢从各

71

路诸侯那里逃出来的士兵,一时间集结了一千多名士兵。

这还不够,彭越凭借着他的勇武,一边进攻,一边壮大自己的势力。

很快,咸阳被刘邦攻下,项羽在关中分封了诸侯王以后就回到了楚国。这个时候,彭越带领的一万人失去了归属,不知道跟谁好了。

恰好,齐王田荣背叛了项羽,把彭越拉拢过来,让他帮着进攻项羽。项羽没有把彭越放在眼里,派萧公角去攻击彭越,结果根本不是彭越的对手。过了一段时间,刘邦出了汉中,开始和项羽争霸天下。彭越觉得刘邦是一个可以依靠的主公,就带着自己的三万人马投靠了刘邦。

刘邦见到彭越既能打仗,又有这么多人马,便说:"彭将军收复魏地十几座城池,急于拥立魏王的后代。如今,魏王豹是魏王咎的堂弟,你可以做他的相国。"于是,彭越就从一个兼职土匪老大,成了魏国的相国。

好日子没过多久,项羽又打回来了。

刘邦节节败退,彭越也抵挡不住,丢掉了收复的城池。

然而,项羽来得快,去得也快,见到项羽退兵,彭越趁机又攻下了二十多个城池,把缴获的粮食都给了刘邦做军粮。

可是刘邦不争气,再次进攻项羽,结果被项羽围困在荥阳。

刘邦向彭越求救,但此时彭越的野心已经膨胀起来,他不甘心做一个相国,他想要做诸侯王。于是,他和韩信不约而同地用了同一个说法:"魏国才刚刚平定下来,还不能走。"

刘邦害怕了,彭越不来帮自己怎么办?还是张良看出了彭越的想法,说道:"魏国的魏王豹已经死了,彭越一直想成为诸侯王,不如就把睢阳以北到各城的土地都封给他。"刘邦想了想,以后再找彭越算账,就同意了张良的意见,把彭越封为梁王。一封王,彭越果然就出兵了,最后刘邦联军击败了项羽,建立起大汉帝国。

可是好景不长,刘邦最终还是咽不下那口被彭越逼迫的气,用叛乱的借口,发兵梁国,灭掉了彭越的家族。

正是:盼到封王,也盼到了死亡。

小知识

彭越:(?—公元前196年),西汉开国功臣、著名将领,与韩信、英布并称"汉初三大名将"。楚汉战争正是在刘邦的正面防御、韩信的千里包抄和彭越后方游击战的基础上,才最终取得胜利的。

西汉建立后,彭越被封为梁王。不久,刘邦以"反形已具"的罪名处死了他。彭越死后被剁成了肉酱,刘邦将其分发给群臣,以为警示。

说客的人生
——"高阳酒徒"郦食其

刘邦从沛县起义，一路带兵作战，来到了高阳县稍做休整。

某一天，刘邦正在洗脚，听说外面有一个儒生想要来拜见自己。他平时就轻视儒生，还时常拿儒生的帽子当尿壶，现在听到儒生来拜见自己，更是气得浑身直哆嗦，说道："我现在以天下大事为重，哪有时间去见迂腐文人？"说话声音挺大的，被门外的儒生听见了。

这个儒生可不是一般的读书人，他是高阳当地人，叫作郦食其。他从小家里就穷，没有钱，但又喜欢读书，便做看门小吏来谋生。他喜欢喝酒，性格狂放，没有人能够差遣他，就连当地官员都不敢征用他服徭役。来见刘邦的时候，郦食其已经有六十来岁了，听到刘邦那句话，他气得瞪大着眼睛握着利剑踹开大门就进去了。

结果，他看见刘邦正在两个女子的服侍下洗脚，见到自己就当作没看见一样。郦食其也没有好脸色给刘邦，从陈胜、项梁起义开始，无数英雄豪杰路过，郦食其都没有把他们放在眼里，只不过听说刘邦在这里招贤纳士，感觉刘邦还不错，特地来见一见而已。

看见刘邦这么无礼，郦食其冲着刘邦拱了拱手，也不拜礼，直接问道："你是想要帮助秦国平定叛乱，还是想要帮助诸侯灭亡秦国？"刘邦听到眼前这个儒生这样说，生气地骂道："就知道你们这些儒生没有用！天下百姓遭受了秦国这么久的苦难，所以才有这么多诸侯想要灭亡秦国！你竟然还想帮助秦国！"

郦食其白了刘邦一眼说道："既然如此，那么你要去召集民众，集合起义军队，然后一起推翻秦朝的残暴统治，而不是在床边洗脚时跟一个老人谈话！"

听到郦食其这么说，刘邦立刻起身，连脚都没有擦，就把郦食其给扶到了上座，然后给郦食其赔礼。

郦食其对刘邦说了合纵连横的故事，刘邦听得很高兴，就问："那么接下来您有什么计划吗？"

郦食其站起身来，指着门外，说道："这是乌合之众，而秦国的实力那么强大，你这是火中取栗，向老虎口中伸手啊！现在附近的陈留县正好是我们的机会，它是天下的交通要道，拿下它，则东南西北都能够去。况且兵马未动粮草先行，陈留县里面囤积了大量粮草,正好用作军粮。我和县令关系还可以,现在派我做使者去劝降他。如果劝降不成功,就派兵攻打,我在城里给你做内应!"

听到郦食其这样说,刘邦大腿一拍说道:"好主意!先生你快点去,我带兵在后面,以防不测。"

于是,郦食其就进了陈留县,找到了县令,向他陈述了利害关系,劝他投降刘邦。可是秦朝的法律太严苛了,抵抗刘邦有可能不会死,但是投降刘邦被官府抓到一定会被处死的。想了想,县令还是觉得不划算,拒绝了郦食其。

县令万万没想到郦食其和刘邦早就商量好了,当天晚上,郦食其偷偷潜入县令的卧室,把县令的头颅割了下来,丢到陈留县外。刘邦一见到人头,就知道要采用第二方案,攻打陈留了。兵贵神速,他马上带着一万士兵去攻打陈留,并举着县令的头颅朝城墙上喊道:"上面的勇士们,你们还是投降吧!暴秦无道,你们的县令已经死了,不要再抵抗了!"

城墙上面的士兵一看县令死了,也没有防守的心思,纷纷放下武器,打开了城门。

就这样,刘邦又得到了陈留县的一万士兵以及大量的粮草。

楚汉战争期间,郦食其跟刘邦说,自己愿意去劝说兵多将广、割据一方的齐王田广。

得到同意后,郦食其来到齐国向齐王陈述利害关系,齐王田广觉得郦食其说的有道理,就撤走了历下地区的士兵。

这个时候,韩信听说郦食其仅是动动嘴巴,就得到了七十多座城池,于是带兵悄悄地袭击齐国。

只是可怜了郦食其,因为韩信的士兵攻打齐国,齐王田广觉得郦食其是在欺骗自己,便对郦食其说:"如果你能阻止汉军进攻的话,我让你活着,否则我就烹杀了你!"

郦食其说:"做大事业的人不拘小节,有大德的人也不怕别人责备。老子不会替你再去游说韩信!"

齐王田广大怒,命人用大锅活生生把郦食其给煮死了。

小知识

郦食其:(?—公元前203年),他虽然稳健不如萧何,战略眼光不如张良,机智不如陈平,但纵酒使气、疏阔狂放,很对刘邦的脾气,很可能是刘邦最喜欢的一个谋士。郦食其为汉朝立下了汗马功劳。因此到了刘邦封赏的时候,也没有忘记郦食其的功劳,给他的儿子封了侯。

对刘邦最忠诚的人
——口吃的周昌

刘邦的那些部下,以跟随刘邦时间的早晚来论,周昌和他堂兄周苛两人应该是资历最老的。

当初,刘邦为泗水亭长时,他的手下正是周昌和周苛两个泗水卒史。后来,刘邦起义,他的朋友们都成为将军、大夫,周昌仅仅只是一个扛军旗的小卒,周苛也只是一个宾客。不过,他们二人从始至终都追随着刘邦。好不容易挨到刘邦被封汉王,周苛成为御史大夫,周昌成为中尉,但是一场楚汉战争,却让这两兄弟阴阳两隔。

当时正值荥阳之战,项羽的楚军把刘邦给团团围住,刘邦悄悄突围,周昌的堂兄周苛决定为刘邦断后,结果一战下来,周苛被项羽俘虏活活煮死了,留下周昌一人护卫刘邦。

因此,在大汉帝国建立的时候,周昌被刘邦封为汾阴侯。

因为周昌跟随刘邦最久,资历最老,所以他向来对刘邦直言不讳,就连萧何、曹参都对周昌十分敬畏。

有一次,周昌有事找刘邦,结果一进去就发现刘邦和他的小老婆戚姬在打情骂俏,周昌看不下去,放下奏折转头就走。他刚跑出去,刘邦就追了上来,骑在周昌的脖子上问:"快告诉我你跑什么?你觉得我是什么样的皇帝?"

周昌挺直脖子,昂起头看都不看刘邦,说道:"我是看不下去了才跑的,你在我眼里就是和夏桀、商纣一样的皇帝!"刘邦听到周昌这样的评价,顿时哈哈大笑起来,但从此以后收敛许多。

刘邦特别喜欢戚姬生的儿子刘如意,于是看太子刘盈越来越不顺眼,就想换一个太子。本来刘邦只是形式上问问大臣们的意见,结果周昌又跑出来和刘邦争辩,原本周昌就有点口吃,这下因为愤怒口吃就更厉害了,说道:"我虽然不会说话,但是我觉得这……这件事情绝……绝对不能做!哪怕你把太子给废了,我……我也绝……绝不接受诏书!"刘邦也感觉很无奈,周昌这个人太不懂变通了,但他忠诚于自己,因此做出的决定也都是为自己好。

立刘如意为太子不成,刘邦有些闷闷不乐,就把他立为赵王。尽管这样,刘邦还是担心自己死了以后，赵王刘如意会被人杀掉，忧愁终日写在脸上。掌管符玺的御史赵尧上前问道："皇上，您如此闷闷不乐，是在担心赵王年轻而且戚夫人和吕皇后关系不好，赵王以后不能保护自己吗？"

刘邦听到赵尧的话，感觉自己还是有知己的，点了点头说道："你有什么好主意吗？"

赵尧说："您可以派一个地位高又有主见的相国给赵王，而且他还要是能够让吕皇后、太子以及满朝的大臣都感到敬畏的人。"

听到赵尧有主意，刘邦还挺开心的，但是听完赵尧的话，刘邦又不开心了，说道："我也知道要找一个这样的人，但是到哪里去找呢？"

"我有人选，御史大夫周昌！他为人耿直，吕后、太子以及满朝文武都对他很尊敬，特别是他对皇上您是最忠诚的！"

听完，刘邦就把周昌叫过来，郑重地看着他说道："你从泗水亭就跟着我了，一路上那么多苦难都是一起过来的，现在我托付你一件事，无论如何你都要帮我辅助赵王，去担任他的相国。"

尽管对刘邦忠诚无比，周昌还是不想离开刘邦身边，他哭着说："皇上，为何要半途把我抛弃给诸侯王？"

刘邦为周昌擦掉眼泪，说："我知道这对你很不公平，但是我私下很担心赵王的安危，这个时候除了你就没有人能帮我了。"于是，周昌成了赵国的相国。

果不其然，刘邦生病去世以后，皇后吕雉就一直计划除掉赵王。她派出使者召赵王来长安，都被周昌拒绝了。于是，吕雉就把周昌先召回长安，然后再把赵王给叫来，逼着赵王喝下毒药死了。

保护赵王刘如意是刘邦的命令，结果周昌没有完成，便再也没有上朝，他借口自己有病辞去了官职，最后郁郁而终。

小知识

周昌：(？—公元前192年)，沛郡人，西汉初期大臣。秦时为泗水卒史。秦末农民战争中，随刘邦入关破秦，任御史大夫，封汾阴侯。刘邦欲废太子，他直言谏止。后为赵王刘如意相，刘如意为吕后所杀，周昌自觉辜负刘邦，郁闷不乐，三年后去世，谥号悼。

鬼点子最多的阴谋家
——"六出奇计"的陈平

陈平的家里贫穷,但他自幼就喜欢读书,特别热衷于黄老之学。好在陈平有个爱他的哥哥,见到陈平这么喜欢读书,就承担了家里所有的工作,让陈平专心在外读书游学。

恰好有一年陈平回家,村子里正在聚会,觉得陈平是读过书的人,就让陈平主持祭祀,然后给大家分肉。其实这是一个麻烦事,多分一点少分一点对别人都不公平,然而陈平却把肉一块块分得均匀。村子里的人见到陈平如此厉害,就说道:"陈平这小子分肉,分得太好了,太称职了!"陈平听了并不自满,叹了一口气说道:"假如有一天我有机会治理天下,也能够像分肉一样公平、称职。"

很快,陈平的机会来了。

得到陈胜吴广起义的消息后,陈平告别了自己的哥哥与家乡父老,踏上了建功立业之路。

首先他来到魏王那里,结果发现魏王并不是明君,于是改投靠项羽。奈何项羽只认亚父范增这一个谋臣,根本就不重视陈平,让陈平十分郁闷。

鸿门宴上,陈平见到了刘邦。第一眼,陈平就觉得刘邦以后必成大器。可惜,陈平在项羽阵营之中,和刘邦阵营处于敌对状态。就在这个时候,被困在咸阳的刘邦找张良想办法,让张良把自己救出去。这时,张良想到了陈平,决定去找陈平试一试,正好契合了陈平的心愿。

陈平认为想要把刘邦救出来,一定要让项羽的谋臣范增离开一阵子,否则任何计谋都会被范增看穿。

于是,陈平找了项羽,说道:"大王,现在天下安定下来了,你给楚王上个尊号,让他去郴州养老吧,不然你和他到底听谁的啊?"

【陈平画像】

尽管项羽不重视陈平,可是这一番话的确说到项羽的心坎里了。项羽找到范增,把话用自己的意思表达了出来,范增听了皱了皱眉头说道:"这件事得赶快办,而且还一定要我去。但是你要答应我不能让刘邦回到汉中,否则我们就危险了。"

结果,范增前脚刚走,陈平后脚就跑来告诉项羽说:"大王,现在关中诸侯太多了,每人都带了四五万人马,粮食不够了,还是让他们回去吧!"

项羽听了陈平的话,大吃一惊:没粮食吃还得了!于是,他就下令让各路诸侯回家,但是刘邦要留下来陪着自己。

扣住刘邦,自然也在陈平的意料之中。

早有安排的陈平此时让张良采用声东击西的策略,告诉项羽说刘邦想请个假回老家沛县休息几天。

项羽很犹豫,范增说不能让刘邦去汉中,没说不让刘邦回沛县,但是项羽又怕刘邦回沛县,万一在沛县称王怎么办?

陈平说:"大王,你已经告诉全天下的人刘邦分封汉中了,现在不让他上任,大家会认为你的威信不够。不如把刘邦的家属抓过来,然后把他那些残兵败将赶到汉中去,这样保全了信用,又能控制刘邦,两全其美!"

项羽被陈平这么一说,早就把范增的话抛在脑后,迷迷糊糊就同意把刘邦放回汉中。

放虎归山,必留后患。

后来,陈平干脆跑到刘邦的队伍里,在荥阳之战的时候,刘邦被重重围困,这个时候又是陈平想了鬼点子,挑拨范增和项羽的关系,让项羽把范增给赶回老家,结果范增就气死在路上了。

陈平为刘邦出谋划策,历史典籍中给他总结的六个计策是:

第一,离间项羽、范增,楚势由此颓衰;

第二,乔装诱敌,使刘邦从荥阳安全撤退;

第三,劝刘邦封韩信为齐王,使韩信忠心效命刘邦;

第四,联齐灭楚,刘邦战胜项羽;

第五,计擒韩信,帮刘邦剪除异姓王而巩固其刘家天下;

第六,解白登之围,使刘邦脱离被匈奴围困的险境。

小知识

陈平:(? —公元前178年),西汉王朝的开国功臣之一,死后谥献侯。他的一生充满传奇色彩,在秦朝末年,英才辈出,有资格被司马迁列入"世家"的,只有陈胜、萧何、曹参、张良、陈平、周勃六人。陈平能列其中,可见其功劳是很大的。

骑马杀将，能斩项羽
——贩缯的灌婴

在刘邦起义的时候，灌婴还只是一个卖丝织品的商人，不过很快，灌婴的生意就做不下去了。天下大乱，老百姓种田的生存空间都没有了，哪里还有灌婴这种商人的生存空间啊？于是，灌婴凭借着自己强壮的身体，还有他会骑马的技术，投靠起义的诸侯，倒也在乱世之中混得有模有样。

正好这个时候项梁的起义军被秦国猛将章邯击破，刘邦带着败军遇见了灌婴。灌婴觉得刘邦人马挺多的，像是一个做大事的人，就决定跟随刘邦。

刘邦这个时候正好需要人手，无论是哪里来的英雄好汉都欢迎。于是，他就接纳了灌婴，让灌婴做自己的贴身护卫。

一路进攻，刘邦发现这灌婴不得了，可以说是一个猛将，上了战场就不要命，每次作战结束灌婴都能得到嘉奖。等到灭亡了秦朝之后，刘邦和项羽开始因为争夺天下而发生了楚汉战争。

然而，困扰刘邦的事情来了，项羽的军队大部分是骑兵，刘邦的汉军大多是步兵，打起来根本不是对手。骑兵的威力在古代是不容置疑的，一个冲锋掩杀，往往死的都是步兵。想要对付骑兵就只有一个办法，那就是用骑兵克制骑兵。认识到了这一点，刘邦就想在自己部队里面挑选一支骑兵出来。

细细挑选一下，还真有这么几个人。因为秦国实力强大，当时作为第一个统一中国的王朝，深厚的底子是不容置疑的，烂船还是有几斤钉子。在长期反秦作战中，刘邦吸收了大量秦朝旧将，其中就有校尉李必、骆甲。这两个是秦朝的骑士，善于统领骑兵。

刘邦就把这两个人叫了过来，说道："我要组一支骑兵去对抗项羽的骑兵，你们愿意做我的骑兵统领吗？"

听到刘邦这样说，李必、骆甲两个人摇了摇头，说道："尽管我们也想做这个统领，可是我们以前跟着秦国部队作战，大多数人都不会服从我们的。倘若真要我们统领骑兵，我们也只能做副统领，大王要选一个心腹来做统领。"

刘邦想了想，也有道理，自己把所有的马匹给了他们，要是他们反叛怎么办？刘邦想来想去，觉得灌婴不错，能打仗会骑马，还有带兵的经验，于是把灌婴叫了过

【灌婴雕像】

来,任命他为统领。

　　灌婴做了骑兵统领,可以说是如鱼得水,第一战就在荥阳城外大破楚军。奈何敌人太过强大,灌婴临危受命,护送着刘邦安全渡过了黄河,向北整顿军队。

　　后来灌婴升官成了御史大夫,这可是别人努力很久都无法得到的官职,不过汉军的骑兵还是掌握在灌婴的手里。齐国发生叛乱,灌婴就带着自己的军队长驱直入齐国,从历下地区一直打到了临淄,俘虏了齐国的相国田光。这还不满足,继续追击,灌婴靠着自己的勇武斩杀一名骑兵将领,活捉了四名骑兵将领,会合韩信平定了齐国。

　　垓下之战,灌婴带领汉军为数不多的骑兵一路追击项羽。项羽作为刘邦的老对手,谁都知道他的勇武,可是灌婴并不害怕,敢于一路追击。追追停停,慢慢地把项羽八百骑兵消灭到二三十名。最后,项羽在灌婴面前丧失了斗志,自杀于灌婴的军前。

　　后来,灌婴追随刘邦东征西讨,平定各个诸侯王的叛乱,终其一生对刘邦忠心不二。在刘邦、吕雉死去以后,吕氏外戚命令灌婴带兵对抗齐王刘襄,灌婴抗命不从,保护了刘氏政权。

小知识

　　灌婴:(?—公元前176年),西汉开国功臣,大将,以力战骁勇著称。历任汉车骑将军、御史大夫、太尉、丞相,封颍阴侯,死后被追谥为"懿侯"。他被看成是南昌城的创筑者,故俗称南昌城为"灌婴城"和"灌城"。

总是炒老板的鱿鱼
——"跳槽王"英布

英布从小就有人说他以后会成为诸侯王,但是要付出一定的代价,那就是受到刑罚的处罚以后才可以成为诸侯王。当时没有人相信,只当作是算命的老头胡说八道。

时间过得很快,到了壮年的时候,还真邪门,英布犯法了。秦朝法律严苛,随便犯点小错就会处罚得很重。而英布触犯的这条法令要受到黥刑的处罚,这种处罚是要在脸上刻字,让别人一看就知道这个人犯过法。

这是一种很残酷的刑罚,因为面部神经很多,刺字很疼,有些人就是活生生痛死的;还有些人是在刺字的时候被感染而亡;哪怕是撑过去了,以后也要面对别人的指指点点。好在英布身体强健,心理健康,被刻字后还挺乐观的。

受刑出来,他冲着别人笑了笑,道:"以前就有人给我看过相,说我受过刑罚以后才能够做诸侯王,一定就是说我现在这个样子了。"结果,那些人听到英布这样说,都讥笑他,说他是癞蛤蟆想吃天鹅肉,于是就给英布取了个外号叫"黥布"。

过没多久,英布就被抓去骊山给秦始皇修陵寝。因为英布脸上刺过字,所以和那些罪犯交流愉快,没多久找了个机会,英布就"跳槽"了,从骊山搬砖民工,成了江湖大盗。

强盗的日子没有过很久,陈胜吴广起义了,番县县令吴芮觉得这是一个好机会,也跟着造反。吴芮一开始手上没有多少兵力,他就把那些在脸上刺过字的人组织起来让他们成为自己的士兵。这也是有原因的,因为脸上刺过字的人一般都犯过法,是不怕死的亡命之徒,而且黥刑不会伤害到四肢,不影响战斗力。

英布就借着这个机会被吴芮收编了,从江湖大盗升级成为敢死队队员,跟着吴芮出生入死对抗秦国。英布慢慢从小兵成了将军,自己带领了一支部队。但是反秦诸侯数不胜数,秦国势力还很强大,英布就想找一个依靠,他听说楚国旧将项梁的部队不错,还把江东的会稽给打下来了,就跑去投靠项梁。

项梁战败死去后,英布就跟着项羽征战。项羽在渡过黄河的时候让英布打头阵,击败了秦军,促使章邯投降。趁着夜色,项羽又让英布等人带兵把章邯部下二十多万人给活埋了。之后就一路打到了函谷关下,最后还是靠着英布抄小道偷袭,项羽才能够轻松进入咸阳。

结果，这个时候英布遇见了刘邦，习惯跳槽的他又蠢蠢欲动了。

天下安定，英布被项羽封为九江王。同时英布还有一个任务，就是帮助项羽杀了楚怀王熊心。英布是一路狂追，追到郴县才把熊心给杀死。不过项羽这个人就是有点坏毛病，常常因为小事情责怪手下的人。楚汉战争开始了，有几次项羽让英布来支持自己，可是英布害怕刘邦的军队却没来，一连好几次，项羽就不满了，开始怨恨英布。

英布也知道项羽怨恨自己，有什么办法呢？正在这个时候，刘邦的使者随何过来了，一番劝说后，英布决定跳槽跟随刘邦。到了刘邦那里，英布被封为淮南王，加入了刘邦联军，垓下一战灭亡了项羽。

天下既然安定了，英布身体里蠢蠢欲动的"跳槽因子"也平息了下来。可是偏偏这个时候"造反因子"又冒了出来。原本英布也没有想过造反，可是看着淮阴侯韩信被吕雉杀了，梁王彭越被刘邦给杀了，杀了也就算了，彭越还被刘邦剁成肉酱分给各个诸侯品尝。见到如此情景，英布开始准备造反。

他对自己的手下说："刘邦现在老了，一定不会亲自来。他手下没几个会带兵打仗的人，根本不用害怕！"果然如此，起兵之后根本没有人能够抵挡英布的军队，却在向西挺进的时候遇见了刘邦。

刘邦看着英布的列阵和项羽一样，很是厌恶，问道："你为什么要造反？"

英布理直气壮地说道："我就是要造反，想当皇帝！"刘邦大怒，派出军队进攻，结果英布打不赢刘邦，就逃到老朋友吴芮的孙子长沙王吴回那里。没想到他被吴回骗到了番阳杀掉了，一去无回。

小知识

英布：(？—公元前196年)，秦末汉初名将，因受秦律被黥，又称黥布。初属项梁，后为项羽帐下五大将之一（其余四将为龙且、季布、钟离眛、虞子期），封九江王，又叛楚归汉，汉朝建立后封淮南王，与韩信、彭越并称汉初三大名将，公元前196年起兵反汉，因谋反罪被杀。

黄老之学的拥护者
——萧何最佳搭档曹参

跟随刘邦起义的几个人,在汉朝建立以后都一一封了官,地痞樊哙成为大将军,主簿萧何成为相国,书吏曹参成为齐国的相国辅佐齐王刘肥。

在随刘邦征战中,曹参先后攻取两个诸侯国,一百二十余县;俘获诸侯王二人,相国三人,将军六人,郡守、司马等多人,功列第二位,仅在萧何之后。

在齐国的时候,曹参见天下刚刚平定,齐国一切都百废俱兴,就把老年人和读书人找来,问他们要怎么安抚齐国的百姓、怎么去治理齐国。齐国读书人挺多,大家都有各自的说法,可是曹参也没有听出什么来。

有个人跟曹参说在胶西有位盖公很有学问,不如去问问他。

曹参听后,就跑去找盖公。盖公精研黄老之学多年,见到曹参后就提意见说:"我觉得治理国家最好的办法就是清静无为,靠百姓自己恢复民生使国家安定下来。"曹参又听了盖公说其他方面的道理,觉得挺不错的,就把盖公请回了自己办公的地方。

【曹参画像】

在齐国的九年,曹参无为而治,让齐国安定了下来。就在这个时候,曹参听说萧何死了,就开始收拾行李,对周围的人说:"萧何死了,我也要离开齐国了。"

曹参和萧何以前在同一个地方工作,萧何做沛县的主簿,是书吏曹参的上司,两个人关系还挺不错的。等以后各自做了将军、相国之后,便产生隔阂,关系逐渐疏远。

在萧何病重的时候,汉惠帝刘盈问萧何:"丞相您死后谁能接替您?"

萧何说:"我的心思,皇上您是最了解的。"

汉惠帝问:"你觉得曹参怎么样?"

萧何说:"我死而无憾,您已经找到了最合适的人了。"

83

就这样,萧何死了以后,曹参成了相国。

曹参任职以后,对于萧何制定的条令不做任何更改,还用自己在齐国学的那一套,委任各个封国的老人家作为丞相的属官,然后把那些文章写得苛刻又追求名声的官员都辞退了。

做完这些,曹参就躲在家里天天喝酒。曹参的手下看不下去了,来劝曹参,反被曹参劝说去喝酒。结果根本没人能够劝动曹参,一去曹参那里就喝醉回家了,完全没有机会开口。

发展到后来,人们发现曹参不仅仅是喝酒,还包庇别人犯下的小错误,不过没有发生大事,也就没有太过于在意。

有一次,汉惠帝就跟曹参的儿子曹窋抱怨说曹参不管事。曹窋回去以后,就问自己父亲为什么,结果曹参很生气,把儿子打了一顿。

第二天,汉惠帝跟曹参说:"昨天是我让你儿子劝你的,你打他做什么啊?"

曹参向汉惠帝谢罪说道:"陛下和高祖刘邦比如何?"

汉惠帝说:"我怎么能够与先帝相比?"

曹参接着说道:"那您觉得我和萧何到底谁强?"

汉惠帝说:"你好像比萧何差一点。"

"陛下说得对极了,高祖和萧何平定天下制定了这些条令,我们认真遵守不就可以了吗?"曹参激动地和汉惠帝说道。

汉惠帝想了想,说道:"你说得很对。"

于是,再也没有人在这件事情上为难曹参。曹参做了三年的相国,把国家治理得井井有条,百姓纷纷称赞:"萧何建立了法令,规章整齐划一;曹参成为相国,守法不失误。"一时间"萧规曹随"成了美谈。

小知识

曹参:(?—公元前190年),字敬伯,西汉开国功臣、名将,是继萧何后的汉代第二位相国。刘邦称帝后,对有功之臣论功行赏,曹参功居第二,赐爵平阳侯。汉惠帝时其官至丞相,一遵萧何约束,有"萧规曹随"之称。

居功自傲下的汗流浃背
——两度拜相的周勃

早年周勃主要依靠养蚕维持生计,后来常去有丧事的人家做吹鼓手。刘邦喜欢和各式各样的人交朋友,因此当刘邦起义的时候,周勃就加入了刘邦的团队。当然周勃也不是混日子的,他力气大,能够拉开强弓,就做了一个弓箭手。

周勃跟随刘邦一路南征北战,灭掉了秦国,打败了项羽,建立起大汉帝国,立下了赫赫战功。不过周勃这个人比较质朴刚强,特别不喜欢文学,每次见到儒生和说客,他表现得比刘邦还不耐烦,看都不看这些人,经常用责备的语气说:"赶快说,说完快滚蛋!"

刘邦死了以后,吕氏外戚想要把持朝政。当时的周勃已经做官做到了太尉,刘邦死之前曾经说过:"能够维护刘氏统治的人一定是周勃。"果然,周勃和陈平合作诛灭了吕氏外戚,从代国把代王刘恒接回来登基,刘恒也就是后来的汉文帝。

汉文帝登基了一段时间,丞相陈平以生病为借口跟刘恒说不想做丞相了。

【周勃画像】

汉文帝很好奇,问道:"我看你身体很好,怎么不想做丞相了?"

陈平告诉汉文帝说:"从高祖建国的时候,周勃就跟着高祖,我是后来加入的,功劳反而比周勃大。后来诸吕之乱,我的功劳不如周勃。所以,我想把丞相位置让给周勃。"

听完陈平的解释,汉文帝想了想说道:"干脆这样吧,你做左丞相,周勃做右丞相。"

听说自己功劳最大,还成了右丞相,周勃开始沾沾自喜,每次都等着汉文帝目送他离开。见到周勃这么得意,汉文帝的手下郎中袁盎就很不满,去汉文帝那里告状说:"吕氏叛乱是大臣们一起平定下来的,只不过当时周勃是太尉有兵权而已。现在他成了丞相,对皇上一点都不恭敬,这不符合君臣礼仪啊!"听袁盎这样说,汉文帝在上朝的时候越来越庄重严肃,丞相周勃的压力也越来越大。

又过了一段时间,汉文帝在朝会的时候突然问右丞相周勃,说:"全国一年有多少案子要审判?"周勃愣住了,平时都在得意扬扬,哪里会在乎这种事情,只能说不知道。

汉文帝又换了一个问题问道:"那全国一年的钱粮收入是多少?"这个问题周勃同样不知道,汗流浃背,感觉到惶恐不安。

见到周勃什么都不知道,汉文帝又问陈平:"左丞相,这些你知道吗?"

陈平站出来说:"皇上,您要问专门管这些事情的官员,廷尉主管全国审判的事情,治粟内史主管钱粮的收入。"

汉文帝问:"那你负责什么?"

陈平拱拱手说道:"丞相主要负责辅佐天子,调理朝堂各种事务,对外还要镇压蛮夷和诸侯。"

听完陈平一番说法,众臣都认为他讲得好。

出了宫门,周勃就开始埋怨陈平说道:"你以前怎么不告诉我要这样回答呢?"

陈平拍了拍周勃的肩膀说道:"你现在已经是丞相了,难道你不知道丞相的职责是什么吗?假如皇上又问长安城有多少不法分子,你怎么回答?"

这个时候周勃知道自己不如陈平,回去以后,有人劝周勃说:"现在你已经诛灭了诸吕,还辅佐代王登基,名震天下,势必功高震主,时间一久会大祸临头啊!"此刻周勃才明白,自己并不适合做丞相,于是就用生病作为借口,把丞相位置让给了陈平。

过了一年多,陈平去世了,汉文帝又把周勃任命为丞相。可是周勃做得不怎么样,汉文帝很失望,说道:"前几天我让列侯们回到封国,有些人已经去了,有些人还没有去。丞相你是我最器重的人,那么你就带头,回到你的封国去吧!"

周勃知道自己没有这个本事,就辞去了丞相职务,回到了自己的封地绛县。

回到封地一年多,每当河东郡守、郡尉巡行各县到达绛县,周勃都畏惧自己被诛,经常身披铠甲,命令家人手持兵器来见郡守、郡尉。

后来,有人上书告发周勃想谋反,汉文帝就把这件事交给廷尉。廷尉于是捕捉周勃治罪。在狱中,周勃恐惧,不知如何答辩,狱吏便经常欺凌侮辱他。

事情查明后,周勃无罪释放,他出狱后说:"我曾经率领百万大军,然而怎么知道狱吏的尊贵呀!"

> **小知识**
>
> 周勃:(?—公元前169年),西汉开国将领、宰相。他以前是办丧事的吹鼓手,在公元前209年随刘邦起兵反秦,以军功拜为将军,后又随刘邦正面迎战项羽,受封绛侯。其凭着镇压韩信的功劳,升到了太尉。后来诸吕之乱,周勃与陈平一起平叛,成了丞相。两次罢相以后他回到绛县,死后谥号为武侯。

第二篇 国之栋梁、君之股肱——少了他们，汉室何去何从

天子都不能进的细柳营
——治军严谨的周亚夫

汉文帝刘恒时期，大汉帝国和匈奴部落虽然维持着基本的和平，但是匈奴人时常出尔反尔地劫掠大汉帝国，因此汉文帝时期边境局势常常就变得紧张。

为了护卫长安的安全，汉文帝刘恒派了三位将军带领三路人马在长安城周边防守，其中就有周亚夫。

周亚夫是西汉开国元勋绛侯周勃的次子。当时有个叫许负的女人，以善于看相而闻名。她对周亚夫说："将军三年后会被封侯，再过八年，就可以做丞相，持国柄，贵重一时。不幸的是，九年之后，您会因饥饿而死。"

周亚夫一听，大笑道："我是不可能被封侯的，父亲的侯爵由哥哥来继承，轮不到我。既然你说我位极人臣，又怎么会饿死呢？"

许负指着周亚夫的嘴角说："这里有一条竖直的纹，是饿死的面相，如果不信，且拭目以待。"

【名将周亚夫】

也许冥冥中自有天意，三年之后，周勃的长子周胜之因杀人罪被剥夺了爵位，作为次子的周亚夫继承了父亲的爵位。

一天，为了鼓舞士气，汉文帝带着自己的手下，拿一些慰问品去慰问拱卫京师的三支军队。

首先，他来到宗正刘礼屯军的霸上军营，守卫兵营的人一见到是皇上的车马，马上通知将军，把门打开奏乐列队欢迎汉文帝。汉文帝坐在车上在军营里面四处巡视，就和进入没有人的地方一样。

汉文帝觉得很开心，接着又去祝兹侯徐厉屯军的棘门军营巡视。棘门军营一见到皇上的车马，也是营门大开，不过欢迎得更加热烈，汉文帝更加欣喜，心中觉得这两支军队忠于自己。

巡视完了两个军营，就剩下周亚夫的细柳营了，汉文帝开开心心坐在马车上等

着周亚夫迎接。结果一个急停,把汉文帝吓了一跳,出来一看,细柳营的守卫弓箭已经准备就绪,刀子也握在手里,一副要杀了自己的模样;再一看,大门是关着的,丝毫没有欢迎自己来的意思。

汉文帝也不知道是不是谋反,就派了个人去叫门。

随军的羽林军上去喊话,结果刚刚走了几步路,营门口的士兵就问:"你是什么人!"

羽林军说:"告诉周亚夫,天子到了,开门迎接!"

结果,营门口的士兵面不改色地说道:"士兵只听将军的命令,你们先出示兵符,否则不准进去!"

两个人还在争吵,汉文帝已经等不及了,就亲自过来看,结果也被门口的士兵拦了下来。汉文帝没有办法,只好让手下把兵符拿出来,展示给守门的士兵,让他去告诉周亚夫,皇帝来探望军队了。

过了一会儿,周亚夫让人打开了大门。皇帝和羽林军的车马一进大门就开始狂奔,守门的士兵立刻阻拦说:"按照军队规定,大营里面车马不能奔跑。"

汉文帝之前已经领教过周亚夫的军规了,于是就让人缓缓前行。到了周亚夫的军帐门口,只见周亚夫全身穿着盔甲,对汉文帝行了一个军礼,说道:"我身上穿着盔甲,不能够下拜,就用军礼朝见皇上!"

看着周亚夫如此严谨,汉文帝感到非常震撼,也回了周亚夫一个军礼。之后开始检阅军队,看着军队队列整齐、军纪严整,汉文帝感慨地说道:"这周亚夫才是真正的将军啊!看看之前那两个人,宗正刘礼、祝兹侯徐厉,带的兵根本就是仪仗队,和小孩子玩耍一样。要是匈奴人打过来,他们一定都被俘虏,只有周亚夫这样的军队才坚不可摧!"

过了一个月,汉文帝想了想,觉得那两支军队有和没有实在没什么区别,索性把这三支军队合并了,任命周亚夫做中尉,负责整个长安城的治安。

由于没有大的战争,汉文帝最终也没有用上周亚夫,可是那一次的阅兵让汉文帝深深记住了周亚夫这个人。他也知道,诸侯王就是一个定时炸弹,不知道什么时候就会爆炸,于是在临终前,特地把自己的儿子刘启叫过来,仔细叮嘱说:"倘若以后发生动乱,你就用周亚夫,他能够帮助你平定天下。"

果然,汉景帝时期发生了"七国之乱",周亚夫只用三个月的时间,就平定了这场叛乱,而后因为战功卓著被任命为丞相。

由于周亚夫功高震主,性格耿直,不会谈政治策略,逐渐激起了汉景帝的不满。

有一次,周亚夫的儿子偷偷向"工官尚方"买了五百套铠甲盾牌,准备日后父亲死后用来陪葬。由于少给了工钱,被以谋反罪告发,周亚夫就被以这个罪名入狱。

第二篇　国之栋梁、君之股肱——少了他们,汉室何去何从

【西汉兵马俑】

武将陪葬一些兵器,本来是无可厚非。岂料此时汉景帝已经打算把周亚夫置于死地了。

当初,因太子刘荣废立和皇后兄长王信封侯问题,周勃与汉景帝意见不一致,加上梁王在窦太后面前不断攻击,使周亚夫逐渐失宠,被免相。

不久,汉景帝召周亚夫入宫赐宴。席上放了一大块肉,没有放餐具。

周亚夫不以为然,就叫人去取餐具。

汉景帝说:"这么一大块肉你还不满足吗?"

周亚夫急向景帝谢罪。

汉景帝说:"起来吧!"

没想到周亚夫就此快步出宫,不告而别。

汉景帝说:"这种人怎么能辅佐少主呢?"

从此之后,就想除掉周亚夫。

在皇帝的暗示下,廷尉就想要逼死周亚夫。

在审问时,廷尉问:"君侯为什么要谋反啊?"

周亚夫答道:"儿子买的都是丧葬品,怎么说是谋反呢?"

廷尉讽刺道:"你就是不在地上谋反,恐怕也要到地下谋反吧!"

周亚夫受此屈辱,无法忍受,便绝食抗议,五天后,吐血身亡。

89

得罪权贵郁郁而终
——才华横溢的贾谊

汉文帝刘恒继位以后,提拔了河南郡守吴公,让他来中央当廷尉,告诉他说自己需要人才。

这个时候,吴公想起了自己门下的天才儿童贾谊,马上把贾谊推荐给汉文帝。

贾谊从小就喜欢读书,先秦诸子百家他都有涉猎,年少的时候还跟着荀况的弟子张苍学过《左传》,十八岁时就已经在河南郡出名了。因此,吴公觉得贾谊是可造之才,把他收做了弟子。正好汉文帝想要人才,吴公想都没想就把贾谊推荐给汉文帝。

汉文帝想了想,吴公推荐的人应该不会是庸才,但又因为贾谊太年轻,给了他一个博士的官职。这是一个专门负责解答皇帝问题的职务,每次汉文帝有什么问题都会让博士们过来讨论。那些年纪大的人说不出什么来,可是贾谊却说得头头是道。贾谊有丰富的学识,又敢于说话,因此不到一年汉文帝就给贾谊升官了,成为比博士更高级的太中大夫。

既然做了提意见的官员,那么贾谊就得给汉文帝提点有创造性的意见。他觉得现在大汉帝国的制度都是沿用秦国的,这样不好,得移风易俗。原本秦国以"水"为尊,历法是把十月当成一年的开始,贾谊建议进行修改。汉文帝觉得很不错,改掉以后很有新意,但又考虑到自己才刚登基,还不到时机。

贾谊看到这些意见汉文帝没有接受,便又给汉文帝提了一个政策,概括来说就是四个字"重农抑商"。贾谊觉得现在社会奢侈之风盛行,很多人都跑去经商不种田了。汉文帝也觉得这样下去不行,特别是匈奴觊觎中原王朝之心不死,随时都有爆发战争的危险,粮食得多准备一点,于是就采纳了这个建议。

一时间,这个政策对社会的经济、民生发挥显著的效果。

贾谊年轻,富有斗志,帮着汉文帝修订了很多政策和法令,更是对汉初列侯的问题有了深入的思考。贾谊觉得列侯们不回封地这样的行为很不好,就建

【贾谊画像】

议汉文帝让大家回去。可是有些人走了,有些人还死皮赖脸地想要留在长安城内。

于是,贾谊又给汉文帝出了个主意:丞相周勃权力最大,又有威望,那就先拿周勃开刀,让他先回去。

因此,汉文帝就让周勃辞去丞相职务,回到封地养老。

见到汉文帝玩真的了,列侯们纷纷启程离开长安回到封地。

但是他们都知道这个主意是贾谊出的,他们对付不了汉文帝,还对付不了你贾谊吗?

于是,就在汉文帝开开心心想要给贾谊升官的时候,权贵们开始抵制,说道:"这个洛阳人,年纪不大,内心想的都是一些歪点子,一心想要获得权力,这样下去会把国家搞乱!"反对的人是周勃、灌婴这些先皇旧臣,也是这些人拥立了汉文帝,因此汉文帝也不好说什么,只能作罢。

可是贾谊却因此在朝中没有了立足之地,自己的抱负根本无法实现。内心欣赏贾谊的汉文帝对此也毫无办法,只能暂时让贾谊去做长沙王的太傅。

可是贾谊不知道汉文帝维护他的心意,内心悲愤交加,路过湘江的时候还写下《吊屈原赋》来表达自己愤懑的情感。

过了没几年,汉文帝想念贾谊,又把贾谊叫了回来。虽然这个时候朝堂之中已经没有了周勃、灌婴的压制,但是因为贾谊以前得罪过汉文帝最宠幸的大臣邓通,所以邓通在汉文帝面前也没少说过贾谊的坏话。

回到中央的贾谊依旧没有得到汉文帝的重用,反而汉文帝时常询问贾谊一些神鬼的事情。这让贾谊感觉到无奈,特别是在汉文帝又把贾谊委派到梁怀王刘揖那里做太傅以后,贾谊就更加难受了。

但是贾谊依旧忠于汉文帝,想要为汉文帝分忧。他觉得诸侯王以后会成为一个大问题,特地写了《陈政事疏》给汉文帝,想要引起汉文帝的关注。

可过没多久梁怀王刘揖去长安见汉文帝,一不小心骑马摔死了。

贾谊认为这是自己这个做太傅的过错,他没有尽到教导梁怀王刘揖的责任。自责再加上贾谊满怀抱负无法实现,最后在梁怀王死去的第二年,他也郁郁而终。

小知识

贾谊:公元前200年—公元前168年,西汉初年著名政论家、文学家,世称贾生。司马迁对屈原、贾谊都寄予同情,为二人写了一篇合传,后世因此往往把贾谊与屈原并称为"屈贾"。贾谊的作品主要有散文和辞赋两类,散文代表作有《过秦论》《论积贮疏》《陈政事疏》等,其辞赋皆为骚体,形式趋于散体化,是汉赋发展的先声,以《吊屈原赋》《鵩鸟赋》最为著名。

我劝谏，你接受
——直言劝谏的袁盎

周勃与陈平等人平定了诸吕之乱后，从代国迎接代王刘恒登基。刘恒便是汉文帝，他登基以后开始选拔人才，朝中的大臣袁哙便推荐了他的弟弟袁盎。

袁盎这个人以前是吕雉的侄子吕禄的家臣，倘若诸吕之乱没有被平定下来，此时吕禄应该会做到大将军的位置。因此，汉文帝了解了一下袁盎，觉得他既然能够做吕禄的家臣，应该是有些能力的，于是就任命袁盎做了中郎。中郎这个官职看起来并没有多高，可是中郎负责担任皇帝的侍卫和侍从，和皇帝的关系算是很亲近的。

久而久之，袁盎也经常给汉文帝提一些有价值的建议。

诸吕之乱平定后，论行赏周勃的功劳是最大的。因此，周勃被汉文帝封为丞相，他每天上朝都是一副得意扬扬的样子，完全没有把别人放在眼里，甚至在汉文帝面前也失去了原有的恭敬。

汉文帝是周勃拥立的，所以他对周勃也不好说什么严厉的话，经常在朝会之后送周勃离开。

袁盎看不过去，趁着一天人少的时候，对汉文帝说："皇上，我斗胆问您一句，您是怎么看待周勃的？"

汉文帝说："周勃是匡扶社稷的忠臣啊！"

"但是，皇上您想过没有？周勃之前就是太尉，他掌握着军权，却任凭吕氏家族胡作非为，等到吕雉死后群臣纷纷讨伐，周勃这才顺势而为，这只能算是功臣，谈何忠臣？况且现在周勃终日扬扬得意，陛下您却谦虚让步，君臣之礼何在？皇上您不该如此啊！"袁盎郑重地对汉文帝说道。

这番话说到了汉文帝的心里，他对待周勃越发威严，周勃也越来越感觉到敬畏。

因为此事，周勃怨恨袁盎，见到袁盎说："我和你的哥哥袁哙关系也不算差，你为什么在皇上面前诽谤我？"袁盎听周勃这样说，丝毫不退让，据理力争。

不过，袁盎这个人对事不对人，周勃后来因为被人诬告谋反被关入狱，当时没有一个人为周勃说话，只有袁盎据理力争，陈诉周勃无罪。

过了几年，淮南王刘长跑到长安找汉文帝玩，突然见到了仇人辟阳侯审食其，怒火从心起，一锤就把审食其给砸死了。审食其这个人是刘邦的老部下，在汉高祖八年的时候,刘长的母亲因为赵王张敖被牵连,连坐入狱,向审食其求情,可是审食其害怕吕雉没有同意,结果刘长的母亲生下刘长以后就死了,因此刘长一直恨审食其见死不救。

这件事情被袁盎知道了,他就和汉文帝说:"诸侯王太过于骄横了,以后一定会出现问题的!现在可以适度把他们的封地削去一点,削弱他们的力量。"可是汉文帝并没有太过在意。

结果过了三年,淮南王刘长起兵造反,没有成功被汉文帝给抓了,关在车子里送去蜀国。刘长不堪这样的侮辱,绝食而死。汉文帝本来只想稍微惩戒一下刘长,没有想到把刘长给害死了,感到十分难过,认为是自己害死了弟弟。

袁盎说:"皇上您做代王的时候,太后生病了,您尽心尽力服侍三年,这是至孝;后来诸吕之乱平定,您从代国来到了凶险难料的长安,这是至勇;群臣推荐您做皇上,您推辞了五次,这是至仁;这三件事情高于一切,丝毫不怕别人诋毁您。况且您也只是想给淮南王一点惩罚,是护送官员不对,才导致了这一切的发生。"

听袁盎这么一说,汉文帝稍稍释怀,就听从袁盎的建议,把淮南王刘长的封地分封给了他三个儿子。

过了一段时间,宦官赵谈看袁盎不顺眼,仗着汉文帝的宠幸,经常诋毁袁盎。

袁盎的侄儿听说了这件事,就让袁盎在朝堂上羞辱赵谈,让他知错。

有一天,汉文帝坐车出去游玩,赵谈就在车上跟着伺候。

袁盎过来跪下说:"皇上,我听说能够和您坐在马车上的人都是英雄豪杰,可是现在您怎么和一个宦官坐在一起呢?"

汉文帝听到袁盎这么说,就让赵谈下车,赵谈哭着离开了车子。

后来,因为袁盎多次直言劝谏,汉文帝也越来越不喜欢袁盎,便调他做了陇西都尉。

汉景帝即位,吴楚七国叛乱,袁盎建议皇上杀晁错平息愤怒。

叛乱平定,袁盎成了楚相。因为反对立梁王刘武为储君,他遭到梁王忌恨,于公元前150年被刺客所杀。

小知识

袁盎:约公元前200年—公元前150年,字丝,汉初楚国人,西汉大臣,个性刚直,有才干,以胆识与见解为汉文帝所赏识。他以直言劝谏的形式,和陆贾、贾谊等人一起奠定了汉初的儒家治国理念。

用法律来治理国家
——刚正不阿的张释之

张释之原本和哥哥张仲生活在一起,后来觉得家里钱太多了,决定买一个骑郎的职位。他原本以为能够光宗耀祖,可是跟随汉文帝十年,都没有升过官。张释之感到很灰心,觉得自己做骑郎没有给家里做贡献,反而一直在花哥哥的钱,于心不安,就决定辞职回家。

辞职信被中郎将袁盎看见了,袁盎知道他是一个有才能的人,就申请让张释之升官,把张释之留下来。

履行升官仪式的时候要见汉文帝,汉文帝让张释之发表对国家有利的建议,结果张释之说得头头是道。

汉文帝很赏识张释之,就任命他做谒者仆射。

后来,由于张释之见识过人,汉文帝又任命他做了公交车令。

其后没多久,太子刘启和梁王刘揖坐一辆车进宫,路过司马门的时候他们没有下车。

按照规定,在司马门就要下车的,于是张释之就追了上去,拦住了马车。

太子和梁王见到自己的车子被拦下来,不但不认错,反而痛骂张释之多管闲事。

张释之丝毫不畏惧,义正词严地说道:"这是国家的法令,你们为什么要违背法令?难道法令对你们容情吗?"太子和梁王说不出话来,沮丧地下车走了。

可是张释之并不罢休,还特地写报告给汉文帝弹劾太子和梁王。

薄太后听说了这件事,把汉文帝叫过去痛骂一顿。

汉文帝脱下帽子给薄太后赔罪说:"这都是我教子无方。"薄太后这才下令赦免了太子和梁王。从这件事情之后,汉文帝觉得张释之执法严明,任命他做了中大夫,随后又升他为中郎将。

在修建皇陵的时候,汉文帝很担心他的陵墓被盗,张释之出了个主意,用薄葬来保护陵墓,没有珍宝就没有人来盗墓了。汉文帝想想也有理,回宫以后就把张释之升到了全国最高司法官的职位——廷尉。

有一次,汉文帝坐着车子出去游玩,经过中渭桥的时候,突然从路边窜出一

个人。

马受惊了,拉着车子狂奔起来,吓得汉文帝一身冷汗。

事后,汉文帝马上命人把肇事者给抓起来,送到了廷尉张释之那里,判处死刑。

结果张释之汇报上来的结果是:"这个人在皇帝出行的时候违背了清道戒严令,按照法律要罚他钱。"

汉文帝很生气,盯着张释之生气地说道:"这个人吓到了我的马,多亏驭手驾车技术高超,不然我早就出意外了。"

张释之很平静地说:"法律就是这样规定的,如果不按照法律来,老百姓就不会相信法律。当时皇上您把他杀了也就算了,可是您把他送到我这里来,就一定要按照法律来执行。"

听完张释之的话,汉文帝沉思了一会儿说道:"你说得对。"

这件事情过没多久,又抓到一个偷窃汉高祖刘邦庙里玉环的盗贼。汉文帝很生气,把他交给了张释之。

结果张释之说道:"依照大汉的法律,这个人要判死刑!"

汉文帝不满地说道:"这个人无法无天!竟然偷窃先帝的东西,我找你判刑,是想要你灭掉他的家族,诛九族!可是你只判他死刑!这样怎么行呢?"

张释之翻了翻竹简说道:"按照规定,他犯的罪行是'盗宗庙服御物',顶多判个死刑。而且按照相等罪行,也是要考虑情节轻重来判刑。现在偷个玉环就要灭族,那么如果以后有人偷挖长陵高祖陵寝的坟土,皇上又要怎么加重他的刑罚呢?"

汉文帝听后,让张释之离开,又和薄太后商量了很久,最终同意了张释之的判决。

小知识

张释之:生卒年月不详,西汉法学家,官至廷尉,因执法公正不阿闻名,时人称赞"张释之为廷尉,天下无冤民"。汉景帝即位后,因张释之曾弹劾时为太子的景帝"过司马门不下车",将他贬谪为淮南国的相国。

文人里的军事家、经济家
——辅助文帝的功臣晁错

晁错年轻的时候就跟随他的老师张恢学习先秦法家申不害和商鞅的学说，因此他的行事颇具法家风范。学习了法家思想以后，晁错凭借着他对文献典籍的理解成了太常掌故，也就是管祭祀的太常的属官。

做官还没有几年，汉文帝想找人研究《尚书》，可是朝廷里面没有一个人懂。恰好此时，汉文帝听说齐国的伏生是秦朝的博士，对于《尚书》有深刻的研究，就想把伏生请来，但伏生已经九十多岁了，根本没有办法来。

于是，汉文帝就让掌管祭祀的太常派人去伏生那里学习。

晁错作为太常掌故，并且做事十分严谨，就被派到齐国跟随伏生学习《尚书》。

学完回来，汉文帝考了晁错几个问题，觉得不错，就把他提拔为太子舍人、门大夫，后来升为博士。

升官以后的晁错干劲十足，作为太子的属官，又是议论朝政的博士，晁错针对太子的问题写下了《言太子宜知术数疏》交给皇上。里面的内容是说，作为君王要学习帝王之术，懂得听取他人的意见，懂得怎么去治理天下。然后话题一转，就到了太子身上。因为在晁错的眼里太子什么都好，唯有帝王之术汉文帝没有教给太子。

汉文帝看完晁错写的这篇文章，觉得晁错不仅仅对问题分析深刻、透彻，还具有臣子的忠诚，懂得为太子分忧，就把晁错提拔为太子家令。这个官职相当于是太子家的总管，太子家大大小小的事务都交给晁错负责。太子也经常让晁错

【伏生授经图】

帮他策划一些事情，因此，晁错又有了一个称号叫作"智囊"。

晁错虽然为太子办事，但他还时常为国家大事做出自己的贡献，不时向汉文帝提出自己的建议。

当时北方的匈奴经常骚扰大汉帝国的边境，汉文帝多次发兵抵抗。但是汉朝当时处于休养生息的状态，还没有足够强大的力量去打一场大规模的战役，甚至汉文帝一度都做好了在长安城下作战的准备。要知道长安城是汉朝的国都，万一打到国都，基本上就离亡国不远了。

晁错针对当前的现状，结合以前对抗匈奴的办法，给汉文帝上了《言兵事疏》，从士兵士气到山川地形，指出在合适的地方运用合适的兵种，比如在平原就要使用战车、骑兵，在山地等沟壑地区就要使用步兵。而且还要选拔精锐士兵交给会领兵的将领，不能盲目选择。接着，晁错分析了匈奴的长处和短处，认为真要和匈奴交战，那么就使用人海战术，把匈奴淹没在汉军的人海里。

看着晁错的上书，汉文帝觉得提议很好，更值得一提的是，晁错的文笔极佳，比起一般的武将要好很多。可以这样说：在文坛中晁错是用兵最厉害的，在将领圈中晁错又是写文章最厉害的。

晁错还觉得这样不够震撼，又给汉文帝写了《守边劝农疏》和《募民实塞疏》，提出用移民到边境生活的办法替代轮番驻守边境。晁错认为边境太远，条件太艰苦，轮换驻守边境很多人不愿意去，但是长期生活在边境就能够发挥充实边境的作用。

同时，晁错还在《论贵粟疏》里写到，让百姓把粮食送到边境换取爵位或者赎罪，这样可以充实国家粮仓，为作战准备。

对于晁错提出的这几个建议，汉文帝都觉得很不错，立刻让人实施。

结果，这些建议成效显著，不仅在当时发挥了防御匈奴的作用，还对后来有着深远的影响，如汉武帝时期的屯军政策。

小知识

晁错：(公元前200年—公元前154年)，西汉政治家、文学家。汉文帝时，任太常掌故，后历任太子舍人、博士、太子家令；景帝即位后，任为内史，后迁至御史大夫。汉景帝时，他进言削藩，剥夺诸侯王的政治特权以巩固中央集权，损害了诸侯利益，以吴王刘濞为首的七国诸侯以"请诛晁错，以清君侧"为名，举兵反叛。汉景帝听从袁盎之计，腰斩晁错于东市。

战克之将，国之爪牙
——酷吏郅都

汉初因为天下刚刚稳定，汉朝政府采取"无为而治"，也就是顺应自然法则，国家引导百姓自己适应生活，安定下来。但是这样做虽然让社会得到了安定，却也产生了大量的地主豪强，这些人的势力在政府的纵容下迅速膨胀，有的甚至藐视国法，对政府都不太在意。

这下汉景帝坐不住了：地方豪强都能挑战国家权威了，那还要国法有什么用！于是，他派出了公正、廉洁又勇武的郅都。

郅都从汉文帝时期就入朝为官，那时候他只是一个郎将。但是他的名气许多人都知道：勇敢公正，从不接受别人的礼物，更不受私人委托。他常常挂在口中的话就是："我离开了父母来到这里做官，到死都要保证我的清廉，终究是顾不了自己的妻子儿女了！"

等到汉景帝登基，郅都升到了中郎将的职位。

有一次，他和汉景帝去上林苑，一头野猪钻进了厕所，而厕所里面是汉景帝的妃子贾姬。

汉景帝用眼色示意郅都去营救贾姬，可是郅都装作没看见。

汉景帝怒了："你不去，朕去！"说完，拿着武器想要自己去救贾姬。

这时，郅都跪在汉景帝面前，郑重地说道："失去一个贾姬，还会有另外一个贾姬进宫，天底下会缺少贾姬这样的人吗？皇上您这样看轻自己，祖宗社稷和太后怎么办？"

窦太后听说了这件事，赏赐了郅都一百金。

汉景帝也开始对郅都重视起来，并且在关键时刻，启用了郅都。

当时豪强地主势力最强的地方就是济南郡，那里的大姓宗族有三百多家，这些家族经常仗着自己人多势众，称霸一方，地方官员根本治不住他们。

因此，郅都临危受命，就被汉景帝任命为济南郡太守。

郅都来到济南郡以后发现这里的形势果然严峻，这些大姓宗族动不动就当街杀人，影响极其恶劣。郅都命人捉拿这些犯法的人，可是这些大姓宗族根本不在乎，认为郅都将和以前那些地方官一样，畏惧自己的势力，最终大事化小、小事化无。

但是他们万万没有想到,郅都为人勇猛威武,不徇私枉法,向来严格依照法律规定办事。他采取以暴制暴的方法,调动自己能够用的全部力量,首先把首恶给诛杀了,一时间风声鹤唳。一些人还不太相信郅都敢对他们动手,可郅都又接连杀了好几个大姓家族。其他的大姓家族见到郅都如此凶残,吓得不敢再和官府对抗,就连周围郡县的郡守、县令也都害怕郅都。郅都到任一年多,济南郡治安一片良好。

后来,郅都调回长安,升到中尉,负责长安城内的治安。

郅都执法刚正不阿,不趋炎附势,不看权臣的脸色,只要有人犯法,一律依法惩之,就连列侯和皇族的人见到他,都侧目而视,称呼他为"苍鹰"。

丞相周亚夫对待官职低的人十分傲慢,郅都对他却没有丝毫畏惧,只对周亚夫作揖,从来没有下拜过。

因为依法办事,郅都捉拿了侵占宗庙地修建宫室的临江王刘荣。郅都对刘荣从严审问,导致刘荣在写信给汉景帝谢罪以后在中尉府自杀。

窦太后得知自己的长孙死讯后大怒,深恨郅都执法严苛不肯宽容,准备用严厉的刑法处置郅都。

迫于窦太后的压力,汉景帝将郅都罢官,但是又不想让他回乡无所事事,又让人半路拦下郅都,告诉郅都去雁门关做太守,不用来长安述职。

匈奴时常侵犯雁门关,可是听说郅都来雁门关做太守,都十分害怕。

郅都刚刚抵达雁门关,关外的匈奴骑兵便跑出不知道多远。

直到郅都死去,匈奴人都不敢靠近雁门关。

守着"金山"被饿死
——汉文帝的宠臣邓通

邓通的父亲邓贤是在汉朝建立以后出生的,没有碰上秦末年间的战乱,家里还算富足。

邓贤生了三个女儿才有了邓通一个儿子,因此邓贤对邓通特别宠爱。

幼年的邓通在父亲的宠爱下不愁吃穿,养成了不喜欢念书的毛病,读书的时候经常逃学去河边玩耍。结果他长大以后知识没有学到多少,反而练就了一身撑船的本领。

邓贤觉得做商人地位始终不高,就想送邓通去做官。

当时做官有三条路。

第一条是最容易的,家里要有钱。汉朝规定家里有财产十万钱以上,自己准备去长安的钱,准备好衣服还有在长安的生活费,这样就可以去长安做一个郎官,等着朝廷任用。

第二条也不算难,选择在自己郡县里做个小官吏,等着每年的考核,一步一步往上爬,但是晋升的空间不大。

第三条难度最大,要求具备一定的名气,这样政府就会主动来找你,给你官做。

至于郡县推选孝廉、秀才是等到汉武帝时期才有的人才选拔方式。

邓通自然是没有很大的名气,也不会选择没有多大晋升空间的小官吏,所以第一条路是邓通的不二选择。

他挥泪离开了生养的父母,离开了自己成长的家乡,来到了长安城。

这个时候,邓通早年玩耍学到的本事派上了用场,凭借着他撑船的专业技术,被征召到了皇宫里做了黄头郎,专门管划船。

有一天,汉文帝做了一个梦,梦见自己想要上天,可是怎么也登不上去,这时来了一个黄头郎把他推了上去。

汉文帝回头看见黄头郎穿着一件横腰的单短衫,背后结着衣带。

从梦中醒来,汉文帝久久不能忘怀。迷信鬼神、幻想长生,这是大多数人都有的想法,汉文帝自然也是如此。于是,汉文帝决定到未央宫外寻找自己在梦中见到的黄头郎。恰好这时,他看见了邓通穿着横腰的单短衫,衣带结在身后。

于是，汉文帝就把邓通叫了过来，一听邓通的名字和"登通"谐音，汉文帝更加确认这个人就是会帮助自己上天的人。

因此，汉文帝把邓通当作了自己的宠臣，动不动就赏赐邓通，累计起来多达亿万铜钱。

有一个看相的人给邓通看面相，说："你会因为没钱饿死。"

汉文帝听后很不屑，说道："邓通有没有钱取决于我，我说他有钱就有钱。"于是，汉文帝就把邓通家乡附近大大小小的铜山都赏赐给邓通，让邓通自己在家造钱。

有一次，汉文帝身上长了一个脓疮，痛得快要昏过去了。邓通在汉文帝身边，俯下身子为汉文帝把脓给吸出来。

汉文帝问邓通："你说，这天下谁最关心我？"

邓通说："应该没有比太子更关心您的人了。"

听了邓通的话，汉文帝若有所思。

等到太子刘启进宫探望汉文帝的时候，汉文帝要太子像邓通一样给自己吸出脓液。太子照做了，但是内心感觉很不舒服，因此记恨邓通。

几年以后，汉文帝去世，太子刘启登基，立刻就把邓通给免职了。

邓通没有办法，只能乖乖回家。

然而就算是这样，刘启也没有放过邓通。有人告发邓通不仅在自己家造钱，也在其他地方造钱。按照规定，这是不允许的。刘启马上让人去查是否有这件事，并很快就找到了证据。

于是，邓通的钱财都被没收，连长公主刘嫖赐给邓通的东西也被收回了。

正应验了面相师的那句话，最后邓通寄居在别人家活生生饿死了。

小知识

被汉文帝赏赐铜山后，邓通的父亲邓贤亲自带领几个女儿和女婿雇工匠在铜山一带采铜、烧炭、铸钱，对每一枚钱都精心铸造，所以造出来的钱分量十足，色彩光泽比其他钱好得多。因此，邓通钱深受人们喜爱。这一时期，全国主要流通吴国钱和邓通钱，吴国钱发行多，邓通钱质量好。

文才横溢表忠心
——邹阳好一句"白头如新"

史上才华横溢的书生,可谓数不胜数,但若论谁能独出心裁地表达忠心,非邹阳莫属。

邹阳,西汉齐人,齐地自春秋战国时期盛产读书人,这邹阳更是读书人中少有的忠臣。

学有所成的邹阳最初跟随吴王刘濞。但是吴王刘濞有一点不好,就是野心太大,时常想取代汉景帝刘启。因此,他广纳贤才,想要把天下的能人都收入自己门下,将来好谋夺汉景帝的皇位。

邹阳很忠心,也很有谋略,但是造反的事情他不做,这是基本原则。

刚开始,邹阳没有发现吴王刘濞的野心,老老实实和枚乘等人在吴王手下做事。因为他们文采好,口才更是出色,所以很受吴王的器重。

后来,吴王刘濞的野心越来越膨胀,邹阳作为吴王的门客,只能隐晦曲折地加以劝说,想改变吴王的决定。

可是吴王摆明不愿意听,就是要准备造反,而且在邹阳上书劝阻之后,还对邹阳越发冷漠。

恰好,此时梁孝王刘武也在招募人才,邹阳的几个好友纷纷劝邹阳跳槽。看看前面的大好前程,再看看不听劝的吴王刘濞,无奈之下,邹阳投奔了梁孝王。

来到梁孝王刘武这里,刘武对邹阳很重视。

梁孝王的心腹公孙诡等人见梁孝王对邹阳这么好,心怀怨恨和忌妒,在梁孝王面前一边美言自己、一边诬陷邹阳。梁孝王耳根子软,而且对自己心腹的话太过于相信,就对邹阳日渐冷漠,最后听信谗言一怒之下将邹阳关进牢狱,准备把他处死。

邹阳蒙冤坐牢,抱着"身正不怕影子斜"的想法,没有过多辩解,认为有朝一日梁孝王会把自己放出来。当他听说梁孝王要处死自己,就决定上书梁孝王,为自己澄清,于是,就写了一份《狱中上梁王书》交给梁孝王。

邹阳深知梁孝王看过太多求饶的场面,用普通的言语来为自己澄清是说服不了梁孝王的。

于是,他在信中列举了历史上一些听信小人之言的国君逼迫忠贞之士蒙冤死

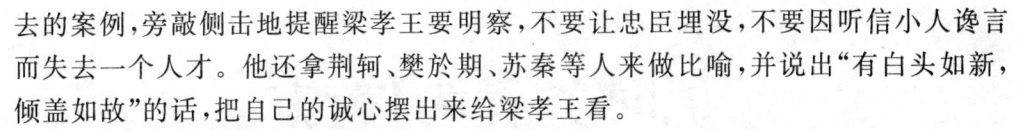

去的案例,旁敲侧击地提醒梁孝王要明察,不要让忠臣埋没,不要因听信小人谗言而失去一个人才。他还拿荆轲、樊於期、苏秦等人来做比喻,并说出"有白头如新,倾盖如故"的话,把自己的诚心摆出来给梁孝王看。

看完这封信,梁孝王被邹阳深深地打动了,认为他是被冤枉的,决定让人细查这件事情。

终于,这件事真相大白,邹阳无罪释放,公孙诡等奸诈小人被狠狠处罚。

梁孝王经过这件事之后,开始重用邹阳,也对邹阳更加厚爱。

小知识

梁孝王在历史上最有名的事迹就是建了一座很大的梁园,即"睢园"。天下的文人雅士如枚乘、严忌、司马相如等云集梁园,成了梁孝王的座上宾。

识时务者为俊杰
——能屈能伸的叔孙通

汉朝初年，因为政府的基本国策是黄老之学的无为而治，意思是顺应自然法则，国家引导百姓自己适应生活从而安定下来。而汉文帝刘恒又比较喜欢任用法家出身的官吏来治理国家，因此，朝廷之中儒家出身的官员比较少，而且一般都没有实权，大多都是做博士，负责研究经学或者给皇帝提出意见。

叔孙通算是一个另类，他是一个儒生，秦朝的时候就凭借自己广博的学问被征召为官。

结果，做官没几年，陈胜就起义了。

秦二世向朝中专门负责回答皇帝问题的博士以及儒生提问说："现在楚地服徭役的人在路上攻占了城池，你们是怎么看待这件事情的？"

博士和儒生们纷纷说道："作为臣民，不能够作乱，倘若作乱，就是谋反！陛下，快点发兵啊！"听到这些人如此说，秦二世十分愤怒，脸色都变了。

这时，叔孙通站出来说道："现在天下安定，我们的君主贤明，官员尽职尽责，哪里会有造反的人呢？"

听完叔孙通的话，秦二世十分高兴，就命人把说谋反的人全都给抓起来，以混淆视听治罪。

散朝之后，很多人都埋怨叔孙通。

叔孙通说："你们怎么会明白我的苦心呢？我要不这样说，我自己都得死。"出了皇宫以后，叔孙通就逃跑了。

先是跑到了楚王那里，后来刘邦攻打彭城的时候，叔孙通顺势跟随了刘邦。

但是刘邦并不喜欢儒生，以前还经常拿儒生的帽子当尿壶用，因此见到叔孙通那身儒生衣服，觉得很厌恶。

叔孙通发现汉王刘邦不喜欢自己的衣服，立刻换掉穿短衣，这是楚国流行的穿着，刘邦见到后很高兴。

叔孙通对于形势的判断总是很正确，归降刘邦的时候，还有一百多个儒生跟着他。但是叔孙通没有将这些儒生推荐给刘邦，反而推荐了一些大字不识一个、空有一身武力的人。

叔孙通的弟子们想不通,问道:"我们跟你这么多年,好不容易找了个长久的依靠,现在你不举荐我们,跑去举荐那些莽夫,这到底是为什么?"

叔孙通见到手下的人不满,就解释说:"现在汉王刘邦在和楚王项羽交战,需要的是能打仗的人,你们能上战场?不能吧!所以你们好好等着,有机会我会把你们推荐给汉王的。"

刘邦一开始也怕叔孙通推荐儒生,那是自己最不喜欢的,结果见到叔孙通推荐了这么多能够帮忙打天下的人,很是开心。

后来,汉王朝建立,天下迎来了和平。可是刘邦却没有感受到做皇帝的乐趣,原因是他的手下大多是草莽出身,喝多了酒根本不管你是谁,拔剑就是一顿乱砍。谁见了别人拆自己的房子都不会开心的,刘邦自然也不例外。

叔孙通见状,就对刘邦说:"儒生们虽然不能帮陛下攻城略地,但他们却可以帮着陛下来守天下。请您让我去找一些鲁地的儒生,让他们来和我的弟子们一起给您制定一套朝廷上使用的礼仪。"

刘邦说:"你可以试着办,但别搞得太复杂。"

于是,叔孙通就跑到鲁国找帮手,但是有两个鲁国人不想跟他混,说道:"你靠着拍马屁博得主子的宠爱,现在天下才刚刚安宁,又来闹着制订什么礼乐。难道你不知道礼乐的兴起需要一百年的积累吗?你还是走吧,不要在这里玷污我们!"

叔孙通很不以为然,倘若真要一百年才能兴起,那这一百年里该怎么办?于是说道:"真是腐儒,不了解时势的变化。"

叔孙通后来努力把礼仪制度完成,并且在一次朝会演练,自始至终,没有一个大臣敢喧哗失礼。

刘邦见状,心满意足地说:"今天我才真正体会到了当皇帝的尊贵!"随即提拔叔孙通作了太常,赐给他五百金。

叔孙通乘机把当年跟着自己要官的那些手下推到前台,告诉刘邦自己的弟子也是有功的。

刘邦一听,立即任命那些人当了郎官。

以前那些不理解叔孙通的手下这时都说:"叔孙先生真是圣人,了解当今的世道。"

小知识

在刘邦想要废掉太子刘盈时,叔孙通死谏刘邦,认为长幼之序不可废除。后来,叔孙通辅佐汉惠帝,给汉惠帝提出诸多建议,但是从来不触怒汉惠帝。其于公元前194年去世,被司马迁称之为汉家儒宗。

性格决定命运
——不懂权术的窦婴

汉武帝继位以后,人才凋零。

汉高祖刘邦建国时,萧何、陈平、曹参都是能够做丞相的人,汉惠帝和汉文帝时期也有功臣陈平、周勃,到了汉景帝的时候就没几个人能够做丞相了,更不用说汉武帝了。

汉武帝登基以后面临的问题是,到底找谁做丞相?

这太难选择了,因为从汉朝开国以来就没有一套选拔人才的方法。

汉高祖刘邦一辈子都在忙两件事:作战、调解自己后宫的矛盾。他也顾不得选拔人才。等到汉惠帝刘盈继位,结果被自己的母亲吕雉叫过去看了一次"人彘",回去以后整个人就变得半疯半傻了,朝政都没有办法打理,也没有招募人才。汉文帝刘恒又不太擅长培养人才,好不容易汉景帝想有些作为,结果七国之乱,想做事都没办法做。因此,到了汉武帝的时候,想选个丞相真难,选来选去选中了自己的熟人窦婴。

窦婴是汉武帝刘彻祖母窦太后的侄子,从关系上来说很亲近,为人又耿直。

汉景帝时,梁孝王来长安探望自己的母亲窦太后,汉景帝也过来喝酒。当时汉景帝还没有立太子,喝酒喝得开心,就开玩笑说:"我死了以后把皇位传给梁孝王。"

窦太后特别宠爱梁孝王,听到汉景帝这样说,十分高兴。没想到窦婴在旁边说道:"这天下是高祖打下来的,按照规章制度都是父亲传位给儿子的,皇上您怎么能把皇位传给梁王呢?"本来汉景帝只是开玩笑让母亲开开心,结果被窦婴这样一搅和,窦太后便记恨自己的侄子,索性同意了窦婴的辞官,再也不让他来朝见自己。

过没几年,七国之乱开始了。汉景帝想选一个自己信任的人来掌握兵权,可汉景帝这个时候发现自己根本找不出几个比窦婴更加贤明的臣子。

于是,汉景帝征召窦婴来帮助自己,可是窦婴坚决推辞,觉得自己无法担当这样的重任。

汉景帝好劝歹劝,说:"现在天下有难,作为王孙又怎么能够推辞呢?"听到汉景帝都这样说了,窦婴才答应,成为大将军。

窦婴是一个很特别的人才,为人正直廉洁,汉景帝时常赏钱给他,他都没有自

己拿去花，而是用在国家大事上。

后来，窦婴被汉景帝任命为太子的老师，太子被废时，窦婴坚决反对，可惜反对无效。

就这样，窦婴又一次辞官不做，请病假回家。

也正是这一次，让汉景帝觉得窦婴太任性了，哪怕当时找不出人来当丞相，也不用窦婴。

到了汉武帝时，窦婴才当上了丞相。倘若不是窦婴之前任性，不懂得权术，他也不至于这个时候才是丞相。而且这个丞相还是王太后的弟弟、汉武帝的舅舅田蚡为窦婴安排的，窦婴的资历比田蚡深，田蚡觉得自己不如去做和窦婴平级的太尉，这样还能够得到美名。

事实证明，田蚡的权术谋略比窦婴高明多了。

有一天，窦婴的好朋友灌夫在喝酒的时候对田蚡说了几句不敬的话，结果田蚡想了罪名就把灌夫给抓了，并且判了死刑。

窦婴想救自己的好朋友，不惜和田蚡、灌夫三个人在武帝面前对质，互相揭短，还是没有搭救成功。

于是，窦婴就说他自己有汉景帝的遗诏"事有不便，以便宜论上"，要求汉武帝重新审查这件事。

可是偏偏管诏书副本的尚书官没在皇宫里面找到这个副本，于是田蚡以"伪造诏书罪"弹劾窦婴，窦婴因此被杀。

小知识

窦婴自从窦太后去世后，被汉武帝疏远不受重用，没有权势，诸宾客渐渐自动离去，甚至对他懈怠傲慢，只有灌夫一人没有改变原来的态度。田蚡曾经派籍福去索取窦婴在城南的田地，窦婴和灌夫大骂籍福，予以拒绝。田蚡知道后，从此十分怨恨灌夫、窦婴，这也导致了灌夫、窦婴日后的杀身之祸。

这个丞相很滑头
——公孙弘"宽容"的背后

公孙弘,西汉淄川国薛县人,年轻时做过狱吏,后来因为犯罪被免官。为了维持生计,他曾在海边放猪。直到四十岁时,他才开始学习《春秋》、研究儒学。

建元元年(公元前140年),汉武帝刘彻向天下发布了征举贤良方正的诏令,已经花甲之年的公孙弘终于有了出头之日。不过,命运似乎有意跟他过不去,他出使匈奴回来,又被汉武帝骂得灰头土脸,一怒之下他就辞官不做了。

元光五年(公元前130年),汉武帝再一次下旨征举贤良方正,淄川国又推荐了公孙弘。这一次,他的策论被汉武帝钦定为第一名,被授予博士职位。

公孙弘是个老滑头,每次朝议都只提出观点,由皇帝定夺,自己从不表态,即便谏言不被采纳,他也不辩驳,更不会跟同僚在朝堂上争论。有时候,他与同僚们私下约好共同奏议,但是一到朝堂之上,又会以皇帝的喜好为准。

如此"忠厚"和善解人意,使公孙弘很快获得了汉武帝的赏识,他的官职一升再升,最后做了丞相。

做了丞相后,公孙弘的生活依然简朴,吃饭时只有一个荤菜,睡觉时只盖普通棉被。

就因为这样,有名的"愚直之臣"汲黯向武帝参了他一本。汲黯在奏折中声称,公孙弘位列三公,所得的朝廷俸禄非常丰厚,却在吃饭的时候吃一道荤菜,就寝的时候盖一床很普通的被子,表面上看起来很简朴,实则是沽名钓誉。

汉武帝见到公孙弘,便问他:"汲黯所说属实吗?"

公孙弘说:"汲黯与我素日最为亲近,他的话属实。今日朝堂之上他当着文武大臣的面讲出我的过失,正是切中了我的要害。我位列三公,与普通百姓生活无二,是有心赚取清廉之名。如果不是汲黯忠心耿耿,陛下怎么会听到对我的这种批评呢?"

汉武帝听了公孙弘的这一番话,不仅没有责怪他,反倒觉得他为人谦让,就更加尊重他了。

公孙弘以宽厚大量示人,但面对政敌时,却从不手软,颇有计谋的主父偃就倒

在了他的手下。

主父偃不但嘴皮子厉害,笔杆子也厉害,若是不小心被他盯上,一封检举信上去,你不死也得扒层皮。

元朔二年(公元前127年),主父偃提出设立朔方郡并经营的构想,遭到公孙弘的强烈反对,但最后汉武帝还是同意了设立朔方郡。

颜面尽失的公孙弘把这笔账算在主父偃头上,伺机报复。

其实,主父偃也是一个睚眦必报的人,他想把女儿嫁给齐王刘次昌,遭到拒绝后就以齐王乱伦为借口,将其逼死。

当齐王被逼死的消息传到了赵王的耳朵里,赵王很畏惧。因为当年主父偃来赵国谋碗饭吃时,赵王却把他赶出了赵国。赵王担心主父偃记起陈年旧事,把自己也给害了。

与其坐以待毙,倒不如先下手为强。

赵王急忙写了封奏折,揭发主父偃贪污受贿,派人快马加鞭送往京城。

一封检举信不足以致主父偃于死地,但是躲在暗处的公孙弘向汉武帝说了这么一番话:"齐王自杀无后国除,齐国成为郡县,主父偃是首恶,不杀无以谢天下!"

汉武帝对公孙弘太信任了,他丝毫没有怀疑这位"忠厚"的长者同样抱有不良动机。

公孙弘一句话,案子就定了,于是主父偃被族诛。

拔掉了眼中的一颗钉子,公孙弘的仕途更加平稳。

元狩二年(公元前121年),寸功未建,以平头百姓登上相位的公孙弘走完了一生。

小知识

公孙弘是西汉建立以来第一位以丞相封侯者,为西汉后来"以丞相褒侯"开创了先例。其在职期间,广招贤士,关注民生,并为儒学的推广做出了不可替代的贡献。曾著有《公孙弘》十篇,现已失佚。

愚直的"社稷之臣"
——"愚不可及"的汲黯

汲黯是汉武帝时期颇为有名的大臣,百姓对他是赞不绝口。

有一次,河内郡发生火灾,汉武帝派汲黯前去视察灾情。谁知,在半途他发现火灾不是很严重,更为严重的是河南境内的水灾,便以皇帝的名义打开粮仓救济灾民。

汲黯的出发点是为百姓好,但此举在汉武帝的眼里,叫擅作主张、不把上级放在眼中。通过这件事,我们能看出汲黯的性格——过于随性。

除了随性,汲黯还有张刀子嘴,这点和唐朝名相魏征倒是很像,只是他比魏征还愚直。

汲黯曾当面指责丞相公孙弘,说他是"善用笔头诋毁他人还自以为有功"的"刀笔吏";痛斥御史大夫张汤狡诈,是掩饰过失的小人。

不仅对同僚们如此,对高高在上的皇帝,汲黯也是同样的态度。

汉武帝有一次在朝堂上询问百官:"我想学习尧舜,召集天下名士,把我们的政治之风改一改,各位觉得如何呢?"百官一致叫好,称赞汉武帝英明。唯独汲黯唱反调,他直视汉武帝说:"陛下心胸狭窄,欲望过多,怎么可能效仿尧舜呢!"惹得汉武帝当场就变了脸色,转身就往后宫走。回到后宫,他生气地对皇后说:"这个汲黯太过分了,简直是愚不可及!"

【汲黯画像】

长此以往的结果是——汉武帝很怕汲黯。

举个简单的例子来说,汉武帝敢坐在马桶上一边如厕一边接见卫青(汉代大将,武帝的大舅子),敢在衣冠不整时和张汤议事,唯独汲黯,汉武帝如果没戴帽子和他待在一个屋子里,都感觉到心有戚戚。

多么相似的场景和关系,只是汲黯没有魏征幸运,魏征可以官拜丞相,汲黯却一直被打压。

汉武帝离不开他——要借他的直言让自己保持警惕,而汲黯的存在也能表明自己大度,能容常人所不能忍;但汉武帝也不敢提拔他,因为这小子的嘴实在是太毒了!

所以,汲黯就一直处于不上不下的状态,而资历比他浅的张汤和公孙弘却早就凭借处事圆滑成了皇帝身边的红人了。

汲黯对此愤愤不平,有一天,他终于找到了一个和汉武帝当面"畅谈"的机会——

这天早朝后,群臣纷纷散去,汲黯却没走,看见汉武帝往后花园方向走去时,赶紧小跑两步,跟上了皇帝。

"陛下,微臣有句话一直埋在心底,不敢对您说。"

"是吗?"汉武帝扬了扬眉,这小子能有不敢说的时候,实在是闻所未闻,"你但说无妨。"

"陛下,您见过农夫堆柴草吗?他们总是将先砍下来的柴堆放在最底下,后砍的反倒是占据了高处,您觉得这样对那些先砍下的木柴公平吗?"

"这话是什么意思?"汉武帝问。

"陛下,张汤和公孙弘他们来朝堂的时间比我要晚得多,资历也浅,可是他们现在却都比我的官位高。您不觉得您提拔官员的标准和农夫堆柴是一样的道理吗?"

汉武帝的表情要多难看就有多难看,本想当面叱责,但念及汲黯一贯的作风,只好沉默不语。

从此之后,汲黯的命运可想而知,他的官位再也没有得到提升。

小知识

汲黯:(?—公元前112年),字长孺,西汉名臣。景帝时因为父亲的原因任太子洗马。武帝初为谒者,后来出京做官为东海太守,有政绩。被召为主爵都尉,列于九卿。汲黯为人耿直,好直谏廷诤,武帝称为"社稷之臣"。后因犯小罪免官,居田园数年,召拜淮阳太守,卒于任上。

身残志坚
——司马迁发愤著《史记》

司马迁出生在太史世家,在父亲去世以后,他遵从父亲的遗嘱,立志要写一部能够"藏之名山,传之后人"的史书。

为了史书的编写,司马迁如饥似渴地阅读皇家图书馆里的藏书、档案,整理和考证历史资料。当时的文字都刻在竹简上或写在丝绢上,有时一部书就要堆满一间屋子,读起来很辛苦。

在他四十一岁那年,开始着手写《史记》。

天汉二年(公元前99年),正当司马迁全心全意撰写《史记》之时,却因李陵事件而遭宫刑。

这年夏天,"飞将军"李广的孙子李陵带领步卒五千人出居延,孤军深入浚稽山,不幸与匈奴的单于相遇。匈奴八万骑兵迎战李陵,经过八昼夜的浴血奋战,已杀死一万多名匈奴士兵。可是由于增援部队没有及时赶上,李陵不幸战败成了匈奴的俘虏。

汉武帝得知李陵兵败投降的消息后,火冒三丈,在朝堂之上,当着众臣痛斥李陵的背叛:"我原以为他会奋勇杀敌,誓死不屈,没想到他竟然是个软骨头,我真是看走了眼,居然把这个叛徒当英雄,还委以重任!"

【史学家司马迁】

众臣听了,有的不敢言语,有的趋炎附势顺着汉武帝的话说:"这样的人,根本就不配领兵打仗,真是辜负了陛下对他的信任。"

当时司马迁也在场,汉武帝问:"你对这件事情怎么看?"

"陛下,恕我直言,李陵率领五千步兵,深入匈奴腹地,孤军奋战,杀伤了许多敌人,立下了赫赫战功。在救兵不至、走投无路的情况下,仍然奋勇杀敌,就是古代名将也不过如此。我想他现在归降匈奴不过是权宜之计,待时机成熟,一定会回报朝廷的。"

听了司马迁的话,汉武帝心里很不舒服,他认为司马迁有意在渲染李陵的功绩,同时贬低劳师远征、战败而归的李广利,而李广利恰好是皇后李夫人的哥哥。

汉武帝当即怒喝道:"司马迁,你的话太离谱了,那李陵已经归降匈奴,你还在为他辩护,简直是有意歪曲事实!来人,将司马迁打入大牢!"

司马迁被关进监狱以后,案子落到了酷吏杜周手中。

杜周严刑审讯司马迁,但司马迁始终不屈服,也不认罪。

不久,又有流言说李陵在匈奴操练兵马,准备攻打汉室,汉武帝一怒之下斩了李陵一家老小,司马迁也因此受到牵连,被判处死刑。

汉朝律法上有一条规定,凡是被判死刑的人,有两种方法可以免于一死:一是拿五十万钱赎罪,二是受"腐刑"。

司马迁官小家贫,拿不出这么多钱赎罪,但腐刑既摧残人体和精神,也很侮辱人格。

为了完成自己的平生所愿,司马迁最终决定忍辱负重,选择了腐刑。

面对最残酷的刑罚,他痛苦到了极点,但此时只有一个信念,那就是一定要活下去,一定要把《史记》写完!

汉武帝征和二年(公元前91年),忍受了酷刑的折磨和耻辱的司马迁,终于完成了史学巨著《史记》。

小知识

《史记》是中国历史上第一部纪传体通史,记载了从黄帝到汉武帝太初年间三千多年的历史。最初称为《太史公》,或《太史公记》《太史记》。鲁迅在《汉文学史纲要》一书中称赞《史记》是"史家之绝唱,无韵之离骚"。

113

大汉第一使臣
——出使西域的张骞

茫茫草原上,一个中原人和一个匈奴人骑着马,神色慌张地快速行进,他们刚刚逃出匈奴人的掌控,必须尽快逃离这个是非之地,因此一路向西,朝着草原深处跑去。西行十日后,他们越过葱岭,来到了大宛境内。至此,两人才稍微松了一口气。

这两位西行者是西汉的使臣,中原人叫张骞,匈奴人叫堂邑父。

十几年前,他们奉命出使西域,西行到匈奴境内时,不幸被截留。匈奴人不肯放他们西去,并强迫他们娶了匈奴女子为妻。

可是张骞不忘使命,他这次出使西域,为的是联系匈奴以西的月氏国,与其前后夹击,共同对付匈奴。

因为西汉多年来饱受匈奴侵扰之苦,却没有御敌良策,不得已才想出这种办法。

【张骞出使西域壁画】

张骞本来带领一百多人的出使团西行,在被匈奴扣留后,死伤多人,只剩下他和堂邑父。

为了完成使命,张骞聪明地与匈奴人周旋,后来被派往匈奴西部边境为官,这样一来他终于找到逃脱的良机,就带着堂邑父匆匆上路了。

张骞来到大宛,在大宛帮助下,继续西行,到达康居、大夏,终于找到了传说中的月氏国。

月氏国是游牧民族,本来在敦煌一带游牧,这十几年来,在匈奴等国的侵犯下不断西迁,被迫迁到阿姆河畔。

由于当地土地肥沃,适合耕种,他们已经定居此地,无意再回头与匈奴为敌。

尽管张骞没有完成既定的使命,但他了解到西域各国的地理、物产、风俗习惯,开阔了视野,回国后对汉武帝讲述了西域风情。

公元前119年,张骞带着三百名成员,拿着汉朝的旌节,带着一万多头牛羊,还有黄金、绸缎、布帛等再一次踏上西去的道路。

他们到达乌孙,送上汉朝的厚礼,又前往大宛、月氏、于阗,分别与他们交往。这些国家非常乐意接待汉使,并派遣使臣带着当地特产跟他们回长安参观。

张骞和他的随从先后到达三十六个国家,从此,汉朝每年都派使臣去访问西域各国,与这些国家建立了友好往来的关系,双方商贸不绝。

中国的丝绸也源源不断地运往西亚,转运欧洲,开辟了著名的丝绸之路。

小知识

张骞两次出使西域,加强了西汉与西域地区的联系,当时的史学家司马迁称赞他出使西域为"凿空",意思是"开通大道"。后来,这条出玉门关,经天山南北路,越过葱岭,到达中亚或者更远地方的通道,成了千古传颂的丝绸之路。

115

没有威仪的京兆尹
——"画眉"的张敞

张敞是西汉时期的著名大臣，他家世代为官，祖父张孺曾任上谷太守，父亲张福在汉武帝时期担任过光禄大夫。而他在汉朝的政治舞台上崭露头角则是因为一封进谏信。

当时，昌邑王刘贺即位后只是一味任用和自己关系好的人。于是，张敞就写了一封信给刘贺，说他不能让真正有才华的人得到褒奖，却让小人得志，而他自己对汉王朝的将来很担忧，希望皇上能警醒。谏后十多天，刘贺即被废黜。张敞便因进谏而显名，被擢为豫州刺史。

当时长安境内的社会秩序很乱，偷窃事件层出不穷，负责长安地区的京兆尹一职几度换人，都不称职。

汉宣帝想起了张敞，召他觐见，问他有没有办法治理好长安，张敞充满信心地答应能办好此事。汉宣帝便调任张敞为京兆尹。

张敞到任后，经过调查，知道了长安最严重的问题就是偷窃，而各个窃盗集团的头领居然是城里很有地位、家里也很富有的一些人。他把这些集团头领召集到自己家中，好酒好菜伺候着，然后对他们说："你们做过的事情，我已经知道了。"

"我们？到底有什么事？我们都是良民啊！"这帮窃盗集团的头领还在装无辜。

"据我所知。"张敞摆起了架子，端着茶杯不疾不徐地说，"你们都是窃盗集团的头领，你们的手下把城里有钱人的家里都翻遍了，逼得他们不得不离开京城。你们说，自己是不是应该有所表示啊？"

头领们听到最后一句，以为这位新来的大人和前几任一样，也是个贪污能手，于是喜笑颜开："大人想要什么，但说无妨，我们保证将大人侍奉好，不会比任何一位京兆尹待遇差的。"

张敞冷笑，他终于明白长安治安一直得不到改善的原因，原来是一颗老鼠屎坏了一锅粥。

"大胆！"张敞将茶杯狠狠地摔在红木桌上，"你们把我当成什么人了！你们必须为你们犯下的过错付出代价！"

盗贼头领们吓得慌忙跪下，乞求恕罪。

第二篇　国之栋梁、君之股肱——少了他们，汉室何去何从

"要我放过你们也可以，提出一个抓捕办法来！"

几个头领说："今天我们来此，必为同伙窃贼所疑，如能允许我们任职补吏，方可如约。"张敞当即允诺，给他们全部安排了官职，然后让他们回去。

头领们回到自己家中，兴高采烈地告诉自己的同伴们，自己在官府中工作，从此以后他们都可以不用怕官府的人了，为了表示庆贺，他们设了宴席，让所有的盗贼都来赴宴。

盗贼们毫不怀疑，纷纷前来，一个个喝得酩酊大醉。

头领们按照在张敞府拟定好的计谋，乘机将每个盗贼背后都涂上红色，好让守候在门外的捕役辨认。

盗贼们饮罢辞出，即被捕役一一捉拿。

盗贼的问题解决后，长安的治安从此变好，汉宣帝对张敞更加信任了。

张敞的为官才能纵然值得称赞，但他为世人所知，却是因为和妻子的感情深厚。而他在京兆尹的职位上九年不得提升，也是与这个有关。

张敞妻子的侍女某天早晨来服侍老爷夫人时，发现张敞正拿着眉笔小心翼翼地为妻子画眉，手法娴熟，并不像是第一次了。侍女觉得有趣，就把这件事情告诉了自己的小姐妹，小姐妹再告诉了别的小姐妹，结果一传十十传百，后来，满长安的人都知道京兆尹在闺房之中常为夫人画眉的事情。

【张敞画眉图】

汉宣帝找到张敞："你在闺房为妻子画眉的事情现在已经是全城皆知，你要不要找个机会解释一下，挽回所造成的不良影响。"

在当时的保守风气中，为妻子画眉，无异于在现代社会中传出"不雅照"事件。

"解释？"张敞笑起来，"闺房之中，夫妇之间，比画眉毛更风流的事还多着呢！"

汉宣帝听后笑了笑，没有办他的罪，但总觉得他缺乏威仪，不应位列公卿。

所以张敞任京兆尹九年，始终也没有再得到提升。

太监国丈
——平步青云的许广汉

中国有一个成语,叫故剑情深,比喻结发夫妻之间的情意不因一方富贵而改变。其来源于皇帝的一道浪漫的圣旨,也见证了王子对贫女承诺的兑现。

这个王子就是汉宣帝刘询,贫女则是许平君,也就是后来的皇后。

皇后的父亲就是许广汉,但这位皇帝的岳父是一名太监,怎么会有如此幸运的女儿呢?

原来,许广汉二十岁左右的时候,在汉武帝的儿子刘髆手下当郎官。

有一次,汉武帝要去甘泉宫办事,他为皇帝备马时,一时失误把马鞍拿了下来,被旁边的官吏发现,告他偷窃皇帝的东西。

按照法律规定,应该处死,但如果想活命,就要接受宫刑。

这对于许广汉来说是非常痛苦的事,不过幸好这时家里已经生了一个孩子,就是女儿许平君。

许广汉被处以宫刑后,被派到掖庭做劳役。

掖庭是建在皇宫旁边的一个机构,是专门给宫女以及犯罪官吏子女居住的地方。

三年之后,许广汉刑满离开掖庭,获得了自由。

不过他没有成为平民百姓,而是被提拔做了小公务员,当上了监狱长,看管犯罪的宫女。

这时出现了巧合,他遇到了未来的皇帝刘询,两人住在同一个寓所里。

未来的皇帝怎么会待在这种地方呢?

因为他此刻还不是太子,而是罪犯之子。

刘询的祖父是皇太子刘据,公元前 91 年因巫蛊案件被判死刑,当时只有几个月大的刘询也被牵连关在监狱里,直到他五岁时才被赦免放出。但父母早死,刘询已经无家可归,幸好被一个狱吏托老妇人收养,这个老妇年老病死之后,他又被领到掖庭。

掖庭长官张贺曾是刘据的属下,所以对这位不幸的孤儿特别关照,一直把他收养在这里。

如今刘询也是寄人篱下,这才有机会同监狱长许广汉住在一起。

第二篇 国之栋梁、君之股肱——少了他们,汉室何去何从

许广汉与这位未来的皇帝可谓是患难之交,从此两人建立了亲密的关系,也为将来君臣之间赢得了难得的信任。

一晃十多年过去了,虽然没有锦衣玉食的生活,但现在刘询已长得身材伟岸,相貌堂堂,看起来龙章凤姿,一表人才,似乎天生就是做皇帝的料。

张贺有些眼光,打算把女儿嫁给这位落难公子,但身为右将军的弟弟张安世却极力反对,他说:"刘询如今只是个庶人,没有任何地位,能养活自己就算不错了,如果搭上侄女就太吃亏了。"

张贺只好放弃把女儿嫁给刘询的打算,这也使得许广汉有机会当未来天子的岳父。

张贺听说许广汉有个女儿叫许平君,大约十五岁左右,就想成全刘询,便办酒席邀请许广汉商量儿女婚事。

要想给现在的穷小子刘询找到老婆,张贺只好说出了他的身份:"刘询是汉武帝的曾孙,也是当今皇帝的近亲,尽管现在失去了王位,但好歹也曾是关内侯,你把女儿嫁过去,将来少不了荣华富贵。"

许广汉跟刘询相处过一段日子,知道这个青年人的为人,也就没有推辞,答应了这门婚事。

刚一谈妥,许广汉就接受了刘询的叩头礼,未来的皇帝与自己的女儿正式成亲。

一年后,许广汉有了外孙,外孙出生才几个月,刘询就被权臣霍光拥立当了皇帝。结发妻子许平君被封为皇后,作为皇帝的岳父,当然也是官升几级,经常跟随在皇帝左右。

不过宫廷内依然充满杀机,因为霍光想要自己的女儿霍成君当皇后,就下毒害死了许皇后。

没多久,权臣霍光病死,汉宣帝这下没有顾忌了,将自己在民间生下的儿子,也就是许广汉的外孙刘奭立为太子,接着又以毒害太子为由废掉了霍成君。

从此之后,身为王侯的许广汉,安分守己,平平安安地享受着自己的清福。

公元前61年,这位早年曾遭受命运摧残的老人终于过完他幸福的晚年,死后被葬在皇帝的陵园里,可谓哀荣备至。

小知识

当时,许广汉的女儿许平君年十四五岁,已许给内者令欧侯氏为儿媳,正准备出嫁时,欧侯氏的儿子去世。许平君的母亲带她去占卜,占卜者说是她有大贵人之兆,后来果然成了皇后。

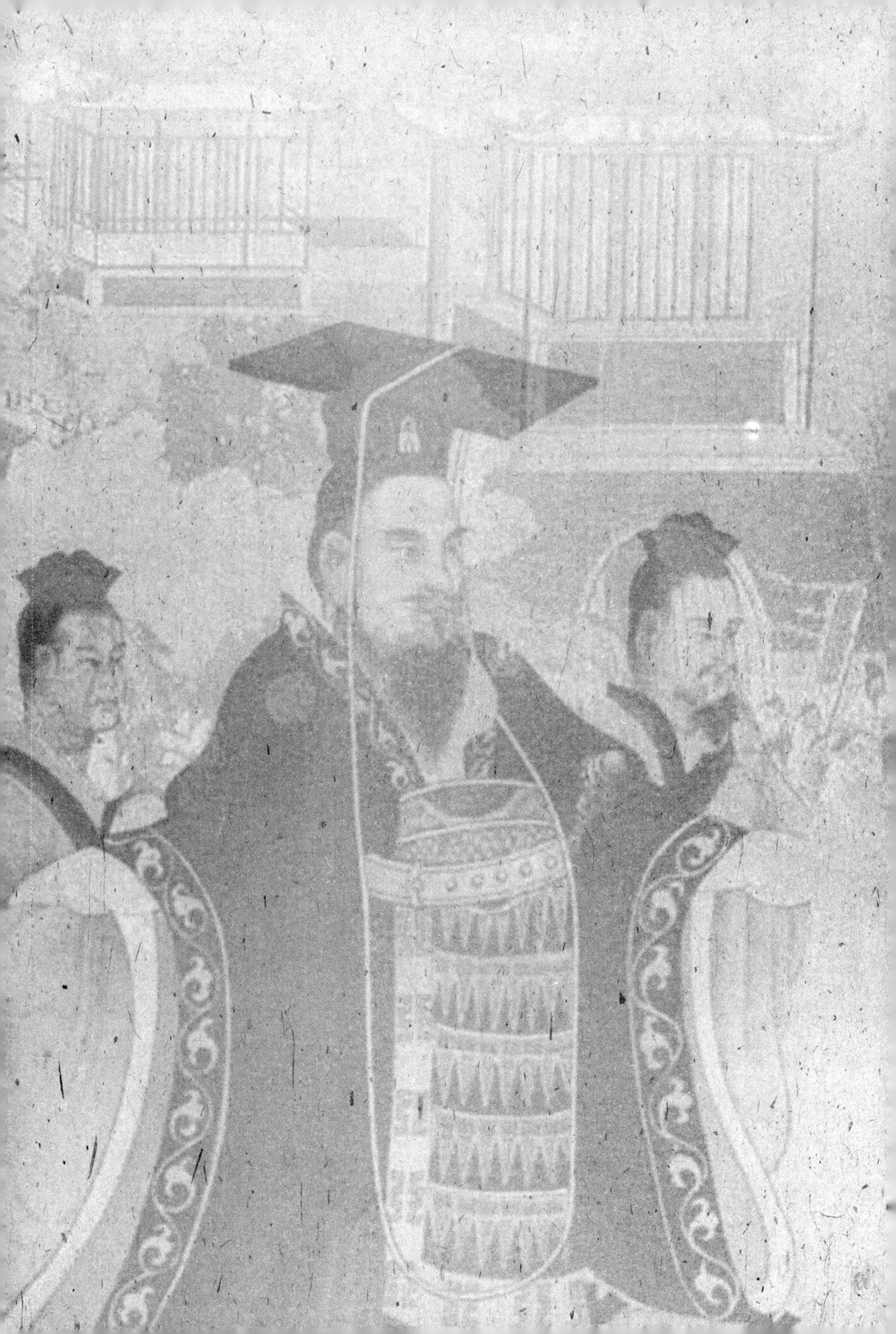

第三篇
值得慢动作回放的瞬间
——历史是多重选择题

如果刘邦没有装傻示弱
——鸿门宴上，谁笑到最后

秦王朝大一统昙花一现，天下又再次进入混战的状态。

而在众多的起义队伍中，楚地大将项羽以及秦国的一个小亭长刘邦所率领的起义军势力最为壮大。

公元前207年，项羽在巨鹿大败秦朝主力军队，可是就在他和秦军交战之时，却被刘邦捡了便宜趁机攻进了秦都城咸阳。

按照事前的约定，本应该是谁先入咸阳，谁就在这里称王。可是刘邦在出身好、家世好、目无一切的项羽面前哪里敢先称王，于是，在他率军攻进了咸阳城后，并没有急于占地为王，反而听从谋士的意见，将军队全部安置在咸阳附近的霸上。

刘邦表现出一副不入咸阳城的样子，可是实际上刘邦自己却在项羽赶过来之前已经开始对咸阳城管辖，在刘邦的安抚下，咸阳城的百姓没有一个人不拥护刘邦做王的。

刘邦进咸阳这件事终归不可能瞒得住，项羽知道刘邦率先进了咸阳以后，愤怒地率着四十万大军直接进驻到咸阳城附近的鸿门地区向刘邦示威。

这时候的项羽虽然气刘邦乘人之危夺取咸阳，但还是顾念和他先前的情谊，只是摆摆样子并没有下令攻打咸阳。

项羽身边的范增却觉得一定要除掉刘邦以防后患，于是劝项羽举兵攻打，他说："像刘邦这种过去贪钱好色之人，今占了咸阳反倒不拿一分钱，连美女也不要，他分明是有其他的企图，此人想要闯一番事业，我们必须趁他还没有发展壮大先杀掉他。不如我们在此宴请刘邦，好趁机除掉他。"

项羽他未必不知道刘邦的心思，只是他太过自信，也太过心软。因此，项羽的四十万大军始终驻扎在鸿门，从没有出动过。

而另一边刘邦也忌惮项羽的势力，又害怕项羽会报复自己，当收到项羽在鸿门宴请自己的消息后寝食不安，只好找来张良询问意见。

张良说："以我们目前的十万兵力想要和项羽正面交锋是不可能的，不如请项伯去说情。"这位项伯，抛开和张良交好的身份不说，他其实是项羽的叔父。有项伯从中牵线，刘邦这才带着张良和大将樊哙前往鸿门赴宴。

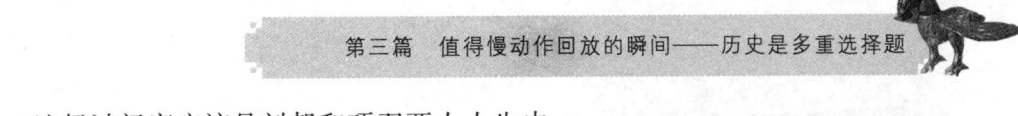

第三篇 值得慢动作回放的瞬间——历史是多重选择题

这场鸿门宴应该是刘邦和项羽两人人生中的重大转折。

虽然,举办鸿门宴的目的是要除掉刘邦,可是当刘邦真的赴宴前来,项羽反而不忍心了。

刘邦向项羽赔罪说:"我同将军合力攻秦,将军主攻河北,我主攻河南。谁知我竟侥幸率先攻破秦关,得以见到您。如今有小人在背后使坏,企图挑拨将军和我产生嫌隙。"

项羽说:"是你手下的左司马曹无伤说的,否则我不会来这里!"

当日,项羽设宴请刘邦。

项羽、项伯朝东而坐,亚父范增朝南而坐,刘邦朝北而坐,张良朝西陪侍着他。

席间,范增几次给项羽递眼色,又提起佩戴的玉佩向他示意,但项羽不是假装没看见就是直接否定,丝毫没有动手杀掉刘邦的意思。

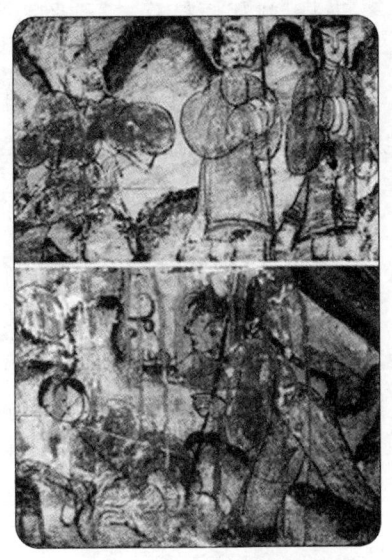

【汉代墓室壁画《鸿门宴图》】

范增忍不住了,既然项羽不肯动手,他只好请大将项庄以助兴舞剑为名寻找机会刺杀刘邦。

范增的心思昭然若揭,本来就小心翼翼的刘邦见到项庄握着利剑更是吓得冷汗直流,而项伯看到项庄每舞一下剑都藏着杀机赶忙也拔剑陪着项庄舞剑,不时用身体挡住刘邦。

有了项伯的保护,项庄始终没办法得手,可是项庄越被阻拦越是不甘心,总是设法找机会刺杀刘邦。

张良见状,担心项伯拦不住项庄,赶忙跑出去叫来刘邦的大将樊哙。

樊哙一听刘邦有难,直接持着盾牌利剑就冲进来了,当即呵斥道:"刘邦攻下咸阳,没有占地称王,却回到霸上,等着大王你来。这样有功的人,不仅没有得到封赏,你还听信小人的话,想杀自己兄弟!"

樊哙此话一出,让本来就动了恻隐之心的项羽更不忍心杀掉刘邦,于是便挥手让项庄回到座位上。

过了一会儿,刘邦起身上厕所,把樊哙叫了出来。

刘邦出来后,对樊哙说:"现在我不辞而别不太好吧?"

樊哙说:"成大事就不必顾忌小礼节,现在人家好比是刀子砧板,而我们却是板上的鱼肉,还考虑这些做什么!"

于是,刘邦便打算离开,留张良去向项羽道歉。

张良问:"大王可曾带什么礼物过来?"

刘邦说:"我拿了白璧一双,准备献给项王;玉斗一对,打算献给亚父。刚刚见他们发怒,不敢献上。你替我献上吧!"

张良说:"遵命。"

鸿门和霸上两地相距四十里,刘邦扔下车马、侍从,骑马抄小路离去,樊哙、夏侯婴、靳强、纪信等四人跟在后面徒步守卫沛公。

见刘邦走远,张良进去致歉:"我家主公不胜酒力,不能亲自向大王告辞。谨让臣下张良奉上白璧一双,献给大王;玉斗一对,献给范将军。"

项羽接过白璧,放在座位上,范增接过玉斗直接扔在地上,拔剑砍碎了。他叹道:"夺取项王天下的,必然是刘邦,我们很快就要成为他的俘虏了!"

小知识

这就是中国历史上有名的"鸿门宴"。当时项羽自觉自己势力强大,轻信刘邦,使刘邦得以逃脱。后来,项羽自立为"西楚霸王",相当于皇帝,他封刘邦到偏僻地区当"汉王",只相当于诸侯。

不久,刘邦乘项羽出兵攻打其他诸侯时,攻占了咸阳。于是,项羽、刘邦就展开了长达四年的"楚汉战争"。楚军在兵力上占很大优势,多次击败汉军,但是项羽性情残暴,统率的部队杀人放火,失去民心,楚军逐渐由强变弱。而刘邦注意收揽民心,善于用人,势力逐渐强大,终于反败为胜。

生死一知己
——萧何成就了韩信，却又害死了韩信

韩信从一个孤苦伶仃的穷书生逆袭成为汉朝开国功臣，这其中的经历并不是一帆风顺。从忍受胯下之辱到加入项羽的反秦队伍却不被看重，韩信从没有放弃，即使到了刘邦身边，怀才不遇的韩信也没有放弃。

直到一次失误让韩信的性命危在旦夕，这才迎来了他的人生转折。

那一次，韩信因犯了军法被发配到后方管理粮草，本来以为前途没有希望了，恰巧碰上刘邦最信赖倚重的萧何。

两人在悬殊的身份背景下一见如故，自然而然，萧何便将自己刚发掘的韩信推荐给刘邦。

可是就在韩信要登上事业高峰之际，他却逃跑了。

原来，刘邦所统治的汉中地区偏僻荒凉，许多将领都因为想家纷纷逃走，韩信见萧何迟迟没给自己答复，觉得刘邦不会重用自己，也就跟着逃跑了。

试想以这种情形，一个小小的粮草官跑了刘邦自然不会在乎，反正已经跑了那么多人，不差那一两个。

可是一听说韩信跑了，刘邦没急萧何却急了，他害怕追晚了找不到韩信，连向刘邦传个口信交代一下的时间也没有就追出去了。

等到萧何骑着马跑了以后，刘邦可真急了。

谁也不会想到萧何竟然为了一个微不足道的韩信亲自追出去，所以，刘邦只能认为萧何也嫌弃自己跟着众人逃跑了。

萧何离开后，刘邦既失落又愤怒，可是到了夜里却又听士兵来报说萧何回来了。等刘邦见到萧何这才知道原来萧何并不是逃跑，而是跑出去追逃走的韩信。

这让刘邦又喜又气，大骂萧何是小题大做。

到了这时候，韩信终于有机会正式见到刘邦，而在萧何的力荐下，刘邦也终于同意封韩信为大将军，更应允选择良辰吉日为韩信举行隆重的拜将仪式。

被封为大将军的韩信没有辜负萧何的信任，而在有了韩信的帮助以后，刘邦的军队更以势如破竹的攻势一路凯旋。

终于，刘邦统一了天下，建立了汉朝。在这背后，韩信发挥了重要的作用。

可是，刘邦当了皇帝以后，却开始对韩信不放心了。

这时，发生项羽的旧将钟离昧逃跑一事，刘邦明知韩信与其素来交好，但还是命韩信追捕钟离昧，但韩信却派了士兵保护钟离昧的出入。

终于，韩信的危机来临。

公元前201年，突然有人告发楚王韩信谋反，于是刘邦采用陈平的计策，以出游为名偷袭韩信。

韩信心知刘邦有意除掉自己，如果自己发兵抵抗无疑是坐实罪名，只好逼迫钟离昧刎颈自杀。

钟离昧死后，韩信带着他的人头向刘邦解释了事情的原委。

盘算除掉韩信已经许久的刘邦哪里肯错过机会，仍然坚持擒拿韩信。

眼见劝说无效，韩信只得大喊道："果若人言，狡兔死，狗肉烹；高鸟尽，良弓藏；敌国破，谋臣亡。天下已定，我固当烹！"这件事以后，虽然刘邦赦免了韩信，但是把他降为淮阴侯，软禁了起来。

有了教训后的韩信更加明白刘邦对自己的防备，此后无论朝廷大小事韩信几乎都是称病不出，对刘邦的怨恨也是越积越深。

有一次，韩信遇到陈豨，看出陈豨起兵造反的心思，便应允陈豨，假如日后起兵造反，自己将助一臂之力。

过没多久，陈豨果真造反，隐忍了许久的韩信仿佛看到了机会，一听到消息便立即与家臣密谋从内部袭击吕后、太子等人，谁知这次造反事件未等实行就遭到了亲人的告密。

当吕后得知韩信造反的消息，便想把韩信召进宫中除掉后患，但又怕韩信不肯就范，于是找来当年力荐韩信的推荐人萧何。

最后，在萧何的设计下，韩信被斩杀在长乐宫钟室，其三族都被诛杀了。

小知识

民间根据这段历史，引出"成也萧何，败也萧何"这一成语，比喻事情的成败或好坏都由于同一个人。"成也萧何"是指韩信成为大将军是萧何推荐的，"败也萧何"是指韩信被杀也是萧何出的计谋。

置之死地而后生
——背水一战的气魄

　　韩信协助刘邦打江山时，一路渡过西河，俘虏魏豹，生擒夏说，可谓势不可挡。眼下韩信又会合了张耳的兵马，准备突破井陉口乘胜拿下赵国。

　　当赵王歇听说汉军即将袭击赵国的消息后，立即下令大将陈余在井陉口聚集兵力，足有二十万之多，以此对抗韩信的几万兵马。

　　兵力如此悬殊，想不让陈余没信心都难，因此当广武君李左车向陈余献计时，他根本就没放在心上。

　　在陈余看来，自己在兵力上强于韩信，即使生拼肉搏也一定能取胜，还需要耍什么阴谋诡计。

　　其实，现在看来，李左车的建议还是很有可行性，李左车说："虽然韩信想要乘着胜利的锐气离开国都远征，其锋芒不可阻挡。可是，远征必涉及粮草的供应，不远千里运送粮饷，士兵们往往都是临时充饥，体力上难免会出问题。如今井陉这条道路狭窄难行，两辆战车不能并行，骑兵也不能排成行列，这就使行进的军队迤逦数百里，运粮食的队伍势必远远地落在后边。假如给我三万兵力，从小路拦截住韩信的粮草，要不了十天，被困在山野的韩信就会不战而败。"

　　陈余是个书呆子，他对李左车说："兵法上说，兵力比敌人大十倍，就可以包围敌人；兵力比敌人大一倍，就可以和敌人对阵。现在汉军号称数万人，其实不过几千人，况且远道而来，疲惫不堪。我们的兵力超过汉军许多倍，难道还不能把他们消灭掉吗？如果今天避而不战，别人会讥笑我胆小的。"陈余的作战意图，被韩信手下的探子获知。

　　想到唯一有希望击败自己的方法已经被陈余想都不想地拒绝了，韩信闻之大喜，下令士兵们在距离井陉三十里处休息。

　　当晚，韩信传令出发作战，同时又暗中挑选两千名轻装骑兵，要求每人都带着一面红旗，从小路上山，潜伏观察赵国军队的举动。

　　接着，韩信又交代部下们说："当两军交战时，赵军必然认为自己有兵力的优势一定会取得胜利，所以见到我军败逃时，一定会倾巢出动追赶我军，趁此机会就可以由两千轻骑攻进赵军大营，拔掉赵军的旗帜，竖起汉军的红旗。"

为避免赵军疑心,韩信派出了近万人做先锋部队于井陉口背靠河水摆开战斗队列。

等到赵军见到韩信薄弱的军队,忍不住大笑起来。等到天一放亮,韩信便下令开始进攻赵军。

一万人硬拼二十万人,结果可想而知。不出片刻,韩信率领的汉军就溃败了,要多狼狈就有多狼狈,直接逃回河边的阵地。

陈余看到汉军竟然不堪一击,大喜之下果然倾巢出动,想要一举取得韩信、张耳的首级。

就在这时,在汉军负隅顽抗之际,韩信预先派出去的两千轻骑兵开始出动进攻空虚的赵军大营。

等到赵军后方大营传来汉军的号响,赵军才发现自己的大营已经飘满了汉军的大旗,都以为汉军已经将赵王和将领们俘获了。

这下子赵军可慌了,所有士兵都不知道是该进还是该退,只得丢了兵器纷纷逃跑。

此时,即使是陈余以诛杀逃兵做威胁也无法阻止赵兵散尽的局面。

于是,韩信趁着赵军人心惶惶带着士兵前后夹击彻底击垮了赵军,杀掉了陈余,而后又在泜水岸边生擒赵王歇。

小知识

在庆祝胜利的时候,将领们问韩信:"兵法上说,列阵可以背靠山,前面可以临水泽,现在您让我们背靠水排阵,还说打败赵军再饱饱地吃一顿,我们当时不相信,然而竟然取胜了,这是一种什么策略呢?"韩信笑着说:"这也是兵法上有的,只是你们没有注意到罢了。兵法上不是说'陷之死地而后生,置之亡地而后存'吗?如果是有退路的地方,士兵都逃散了,怎么能让他们拼命呢!"

成就国都的诸多因素
——"洛阳"和"长安"的帝都之争

关中,即潼关以西地区,也就是现在的渭河平原一带,其最具指标性的地标正是长安城。

在两千年前,关中地区可是数一数二的粮仓。

关中除了盛产粮食以外,还占尽了四面环山易守难攻的地势优势,这对于古代的军事战争发挥了重要的作用。也因此,纵观秦汉史,乃至后来整个古代时期,都有这样一句老话:"得关中者得天下。"

秦始皇的无道统治被起义军推翻后,刘邦成了汉中王,虽然离关中甚远,但是像汉高祖刘邦这样颇具野心的政治家自然无法安心在汉中称王,加上后来刘邦接纳萧何的建议启用韩信,更进一步定了"先取关中,再和项羽周旋"的策略。其实这正好是"得关中者得天下"的一种战略思想的体现。

当"明修栈道、暗度陈仓"的汉军夺取关中之地的时候,也正是楚汉战争进入高潮的阶段。等到刘邦逼项羽在乌江自刎之后,建立新一代王朝,便是汉朝。

刘邦在众多农民反秦起义军里脱颖而出成为最后的胜利者,这与他接受韩信"先取关中"的建议不无关系,不然在和项羽二十万大军对战时,假如没有关中丰富的物产做供应,刘邦也不会这么快重整旗鼓发动二次进攻。

当刘邦建立汉朝以后,建立都城自然成了首要选择的问题。

不过,这时候刘邦属意的并不是关中代表地长安,而是看中了东有成皋,西有殽山、渑池,背靠黄河,南向伊洛二水,也是险峻之地的洛阳。

不仅刘邦看好洛阳,他的大臣们几乎也都比较支持以洛阳为都的意见,毕竟当时刘邦身边的大臣多数都是山东人,因此更赞同距离山东比较近的洛阳为都城,而且洛阳又是过去周王朝的都城,留有一定的建设,不像长安在

【史学家班固】

129

当时遭受严重的破坏,早已断壁残垣。

  此时,唯独张良站出来反驳刘邦,说:"洛阳城虽然很坚固,但地方比较小,方圆不过数百里,而且土地不肥沃,又是四面受敌易攻不易守的地方,并不适合调动兵力。而关中地区左殽函、右陇蜀,绵延千里之地都是肥硕的土地,南有巴蜀之饶,北有胡苑之利,能够阻拦三面据守一方,独以一面东制诸侯。诸侯安定,河渭漕挽天下,西给京师。一旦诸侯有变,顺流而下,足以委输。这才是金城千里,天府之国啊!"

  张良这番话终于打动了刘邦,第二天刘邦便下令前往长安建立都城。

小知识

  长安和洛阳自古就有都城之争。东汉时期班固所写的《两都赋》和张衡所写的《二京赋》,便是在中国古代社会时长安和洛阳首都之争的真实写照。尤其是班固的《两都赋》,赋中以主客问答方式,假托西都宾向东都主人夸说西都长安的关山之险、宫苑之大、物产之盛。东都之人则责备他但知"矜夸馆室,保界河山",而不知大汉开国奠基的根本,更不知光武迁都洛邑、中兴汉室的功绩,于是宣扬光武帝修文德来远人的教化之盛,最后归于节俭,"以折西宾淫侈之论"。

第三篇　值得慢动作回放的瞬间——历史是多重选择题

同姓果真三分亲？
——"白马盟誓"的兴与废

刘邦好不容易从死人堆里打下了天下，以传统家天下的思想，刘邦有私心不愿意其他开国功臣分享自己的成功果实，其实也是合情合理。

对于像刘邦这种既不具备出身条件又缺乏统兵作战实力的开国皇帝来说，身边有一群文武全才的"兄弟"功臣是一件十分危险的事情。也因此，当大汉初期建立了政治体制以后，虽然中央集权思想仍然占据主流地位，但刘邦还是恢复了秦朝以后曾废除的分封制，毕竟一大批的功臣需要安抚，何况早在楚汉战争时期，刘邦自己家姓刘的人没一个能和项羽一决高下，只能借着手下众多将领以及那些背叛了项羽的诸侯王来作战。

正是为了网罗这些军事力量，与项羽争夺天下，刘邦不得不应允卓有功绩的诸侯王将其分封为异姓王。

这些异姓王受人之惠自然要跟随刘邦赴汤蹈火，毕竟这江山已经有了自己的一部分。

就这样，在刘邦的异姓为王的诱惑下，终于成就了帝业。

可是在刘邦心里，他始终认为异姓王终不可信，既然自己已经登上了皇位，异姓王的利用价值便不存在了。

其实，刘邦对异姓王的顾忌并不是没有道理，自古诸侯王谋反篡位的事情数不胜数，遑论刘邦的实力可能还不如各位诸侯王，加上不少诸侯王已经有过背叛项羽的先例，刘邦更加担心诸侯王会危及自己的江山。

因此，在刘邦称帝以后，前前后后找了各种借口来除掉异姓王。为了巩固刘邦的家天下，汉初三杰之一的韩信就成了最大的牺牲品。在垓下之战获胜后，刘邦对韩信不升反降，当即改封其为楚王，又命韩信离开根据地齐地，后来又设计将韩信降为淮阴侯，最后藉吕后之手将韩信斩杀。韩信死后，彭越、英布、韩王信、臧荼、卢绾等人也被贬杀。

待异姓诸侯剿灭干净，刘邦终于可以随心所欲地分封自己同姓诸侯了。

可是到了刘邦晚年，又有新的问题来了，吕后势力日益渐大，刘邦又开始担忧汉室的江山会被吕氏夺去，因此，他将各地刘氏诸王聚集在一起，杀白马为盟，以策

131

安全。

有了"白马之盟"的约束,"非刘氏不王"的誓约彻底得到了保护。

可是,以白马为盟的同姓王真的就值得信赖吗?

在权力面前,似乎一切亲情都能够粉碎。权势和富贵的膨胀最终让同姓诸侯王无法满足于自己的现状,依赖同姓王而坐大的西汉王朝终于在汉文帝时期先后爆发了济北王和淮南王的叛乱,但是这仍不能警示"白马之盟"的错误,以至于到了汉景帝时期发生了不可挽回的七国之乱。

等到这些叛乱悉数被平定,汉景帝也终于认识到"白马之盟"的弊端,就趁机收回了封国的官吏任免权,削弱了封国的实力。

其后,汉武帝登基,有了汉景帝的教训,大行推恩令,将同姓王的实力大大削弱,直到变成虚衔。

至此为止,刘邦的"白马之盟"虽然没有明令废止,但也名存实亡了。

小知识

在西汉末年,王莽以外戚身份弄权,被封为假皇帝,最后篡汉,将此盟约撕毁。其后汉光武帝重建汉朝,此盟约再被重提。直至东汉末年曹操称魏王,其后其子曹丕继任魏王并篡汉称帝后,白马之盟才被彻底撕毁。

争风吃醋的女人最可怕
——吕雉与戚姬的恩怨

缘分来的时候挡也挡不住,就像四十岁的中年大叔刘邦自己也没想到竟然会因为一个饭局娶到了老婆。

吕父将吕雉嫁给刘邦的时候,吕雉还未满二十岁,可是这段姻缘还是成了。

不过,刘邦和吕雉结婚后没多久,刘邦有个私生子的事实就藏不住了。曹氏在吕雉之前就与刘邦生活在一起,她为刘邦生下了长子刘肥,这对初为新妇的吕雉来说无疑是个不小的打击与考验。

好在吕雉比较坦然,觉得四十多岁的刘邦有个儿子是挺正常的事,还把刘肥接到自己身边亲自照料。

这时期的吕雉对刘邦还是有很大的期望,夫妻二人虽然在年龄上有一定的差距,但并没有影响感情。

过没多久,吕雉就为刘邦生下了一双儿女。

这段日子,吕雉想来应该也是柔情似水夫唱妇随。

可是随着刘邦在芒砀山落草,吕雉平静的生活彻底破碎了,还因此受到株连被关入大牢。

在古代的时候,女人一旦进了大牢,所受的折磨是难以想象的,可是吕雉想着自己的一双儿女,想着夫君刘邦,还是咬牙挺过来了。

后来,刘邦的事业渐入佳境,被拥立为沛公。

有了点根基的刘邦终于可以把吕雉从地狱般的大牢里接出来了。

夫妻久别相聚,刘邦已非同往日,吕雉知道自己对刘邦的付出没有白费,此后对刘邦的事业更加支持,还鼓动起自己的兄弟吕泽、吕释之以及几乎所有吕氏宗族随同刘邦参加起义,而这些人始终忠心耿耿跟随刘邦南征北讨,刘邦最后能打下天下,应该说有吕氏一半的功劳。

刘邦带着吕氏子弟出去打天下,这一去就是三年,等到刘邦当上了汉王,反而忘记将吕雉这个苦守在家中侍奉父母、操持家务的发妻接到身边,只顾着在外面掳掠财宝与美人,却被项羽趁机劫走了吕雉和自己的父母。当时正是楚汉之争前夕,已经因为刘邦而坐过一次大牢的吕雉这次又在项羽的军营中苦熬了两年之久。

等到刘邦终于有机会接吕雉回到身边的时候,历尽磨难的吕雉却惊讶地发现自己的丈夫身边早已经有了一位比自己年轻貌美的戚夫人。

刘邦的眼里再也没有吕雉的位置了。

吕雉为刘邦付出太多,此时此景,她焉有不恨之理?

可是吕雉还是忍下来了,她还要为自己的儿子刘盈做打算。

后来,刘邦登基,吕雉被封为皇后,她开始意识到自己不能再将感情寄予在刘邦身上,她能做的就是尽可能捞取政治资本,以便为自己的儿子扫除障碍。

可是除了吕雉以外,还有个女人也在盯着继承人的位置,此人正是戚夫人。

深受宠爱的戚夫人自从有了儿子刘如意之后,开始变得不满现状有了野心,何况刘邦在戚夫人面前温顺如羔羊,只要戚夫人一句话,她就可以是最有权力的女人。

于是,戚夫人开始日夜啼哭,不停恳求刘邦废掉太子刘盈改立自己的儿子刘如意。

刘邦也是爱屋及乌,对幼子刘如意疼爱有加,甚至曾公开宣称:"终不使不肖子居爱子之上。"

有了刘邦的公开支持,戚夫人在夺嫡一事上变得更加肆无忌惮。而且在戚夫人心里,吕雉早已是被刘邦嫌弃的糟糠之妻,便更无所顾忌地对吕后予以打击。

戚夫人第一步先让刘邦将已婚的吕后之女鲁元公主送去匈奴和亲,虽然最后因吕后的一哭二闹作罢,可是戚夫人紧接着又制造出"张敖(公主之夫)谋反案"继续对吕后进行迫害。然而,还是没有斗过吕后。再次受挫的戚夫人情急之下竟然向刘邦提出让幼子如意取代张敖分封赵地,将张敖降为宣平侯。此后,又公然鼓动刘邦在朝堂上提出废立太子一事。

吕雉这时对戚夫人的忍耐度已经到了极限,但戚夫人毕竟有刘邦的庇护,吕雉只能以退为进保全自己的势力。

为了保全儿子刘盈的太子之位,吕雉接受了张良的建议请来了"商山四皓"。

当刘邦躺在病榻上见到跟在太子身后的"商山四皓",加上吕后争取到了朝中大臣的鼎力支持,最后不得不放弃改立太子的想法,这场夺嫡之战才得以宣告结束。

临死也不得安宁
——刘邦死前想什么

刘邦多年征战,身体已经损耗过度,到了他倒在病榻上无法起来时,这位伟大的开国皇帝却还有很多心事无法放下。

其中最重要的一件事就是无法立戚夫人的儿子刘如意为太子,戚夫人母子的安置便成了心头放不下的事情。

吕雉跟随刘邦多年,刘邦自然知道吕雉的品性,一想到自己离世后戚夫人母子所面临的处境,刘邦就平静不下来了。

这时有个叫赵尧的年轻人在宫中负责掌管符玺。某一天,闷闷不乐的刘邦独自慷慨悲歌,可是谁都不明白刘邦为什么会这样,只有赵尧敢于向刘邦询问,他说:"陛下您是否为赵王年轻而戚夫人和吕后二人又不和而思虑?是否为您百年之后赵王不能保全自己而担心?"

刘邦叹息道:"是的。我私下非常担心这些事情,却想不出什么办法来。"

赵尧继续说:"不如您为赵王派一个地位高贵而又坚强有力的相国,但这个人又要是吕后、太子和群臣平素都敬畏的人才行。"

刘邦更加叹息,回答道:"我也是这样想,可是朝臣之中谁又能担起这个重任呢?"

赵尧坚定地说:"御史大夫周昌,此人坚强耿直,况且从吕后、太子到满朝文武,没有人不敬畏他,只有他才能够担此重任!"

刘邦听闻此言,如大梦初醒,这才想起当初周昌为保护太子而和他争辩的事情,便欣喜地说:"对,就用周昌。"

就这样,周昌被召到了刘邦面前。

刘邦见到周昌,说:"有一件很重要的事要拜托你,请你无论如何都要为我去辅佐赵王,由你去担任他的相国,这样才能保全他们母子的安全。"皇帝发话了,周昌不得不听。

刘邦安置好赵王如意后,又开始担心起自己的结发妻子吕后,每每想到吕后在对付韩信、彭越等功臣时的冷酷和铁血手段就让他心生寒意。

更让刘邦担心的是,在废立太子的风波中,他看到吕后在朝中的势力根深蒂固,而太子刘盈生性善良,刘邦担忧自己死后,皇权会落在吕后的手上,以至于他辛苦打下来的江山旁落到吕氏一族。

有一天,刘邦将大臣们召集在他身前,又派人当众宰杀了一匹白马,要众臣歃血为盟,起誓表示以后不得分封刘姓以外的诸侯。如有人违背,群众要共同讨伐此人。

有了"白马之盟"对吕后的束缚,刘邦这才能稍微放心。

可是没过多久,刘邦就彻底病倒了。

当他在病榻上奄奄一息的时候,吕后向刘邦询问道:"陛下百年之后,如果萧相国也死了,谁来接替他做相国呢?"

刘邦说:"曹参可以。"

吕后又问曹参以后的事,刘邦说:"王陵可以。不过他略显愚直,陈平可以帮助他。陈平智慧有余,然而难以独自担当重任。周勃深沉厚道,缺少文才,但是安定刘氏天下的一定是周勃,可以让他担任太尉。"

吕后再问以后的事,刘邦说:"以后的事,也就不是你所能知道的了。"

而此时,又传来燕王卢绾叛乱的消息,等到刘邦刚将樊哙派出去讨伐就听到其他人禀报樊哙和吕后串通谋反之事。

这个时候,已是垂死的刘邦为了保护自己的江山,当即召陈平来商议此事。

最后,为了避免吕后和樊哙在自己死后联手,刘邦召陈平、周勃在病榻前受命,领兵前往军中斩杀樊哙。

此后不久,刘邦就因病去世了。

小知识

刘邦死后,群臣议定的庙号是"太祖",谥号是"高皇帝",正式的全称为"汉太祖高皇帝",简称庙号应该是"汉太祖",简称谥号则是"汉高帝",而不是人们习惯称呼的"汉高祖"。

大是大非前，"一腔热血"是不够的
——樊哙为何差点被砍

从刘邦拉队伍造反开始，樊哙一直跟随刘邦左右，是他的心腹和死党。后来，刘邦还让吕后的妹妹吕媭嫁给樊哙，生了一个儿子叫樊伉。

从此，樊哙与刘邦的关系就更加密切了。

可是，正因为樊哙是刘邦的连襟，险些导致他被斩杀。

汉朝天下刚刚平定的时候，英布造反了。

刘邦生病不愿意见人，就下令侍卫不准任何人觐见。

当时，就连有名的功臣周勃、灌婴都不敢入宫见刘邦。

十几天后，樊哙终于忍不住了，带领群臣推门直接闯进了宫中。

此刻，刘邦正枕着一个宦官睡觉。

樊哙见到刘邦就痛哭流涕地说："陛下带领我们在丰沛起兵，平定天下，那是何等的壮烈！如今陛下病重，大臣都很惊恐。陛下不见我们，就想这样和一个宦官在一起？难道陛下不知道赵高的事吗？"樊哙一席话，说得刘邦笑着起来了。

日后，刘邦听了樊哙的提议，带兵击败了英布。

但是此时，刘邦旧伤发作再次病倒了。刚回到长安，他又听说燕王卢绾反叛，就派樊哙以相国的身份带领军队去讨伐。

樊哙走后，有人对刘邦说："樊哙跟吕后串通，就想等皇上百年之后图谋不轨，皇上不能不早加提防！"

刘邦对吕后干预朝政早已不满，此刻又听说吕后跟她妹夫樊哙相互勾结，觉得情况一定非常严重了。

他再三考虑，决定临阵换将，还把陈平招来商议这件事。

最后，刘邦命令陈平到了军营后，立斩樊哙，由周勃夺印代替樊哙。

陈平、周勃当即动身，二人在途中边走边商量，陈平说："樊哙可是皇帝的老部下，劳苦功高不说，他还是吕后的妹夫，绝对称得上是皇亲国戚。眼下，皇帝是正在气头上让我们去杀他，可是万一有朝一日他后悔了，我们怎么办？到那时，恐怕吕后她们姐妹二人必然会在皇帝身旁搬弄是非，你我的脑袋就保不住了。"

周勃一听不知如何是好，便问："难道我们应该把樊哙放了吗？"

这场刘氏子弟的内讧打了三个月,终于以周亚夫统领的汉军平定吴楚七国之乱而告终。

此事过后,汉景帝更加忌惮诸侯国的势力,也更坚定了削藩的想法。于是在原基础上继续推行"众建诸侯"的政策,并且将诸侯王国的行政权和官吏任免权收归朝廷所有,接着又采取了裁减官员、降低封国等级等措施。在汉景帝强势的削藩政策下,原有的诸侯王国相继失去了自己的独立统治权,慢慢变成了朝廷下属郡县。

可是,削藩之路仍然还是要继续。

到了汉武帝时期,虽然诸侯国的统治已经形同虚设,但还是有领土的优势,这在汉武帝看来仍然是一种威胁。此时的汉武帝选择了主父偃做自己的削藩代言人。

有了之前强势削藩的经验,汉武帝决定采用一种听起来比较好接受的方式削弱诸侯实力。

在主父偃建议下,汉武帝开始实行"推恩令":以前,诸侯王死后,封地可以由嫡长子世袭,而汉武帝为了显示自己恩泽宗室,同意诸侯王除了将自己的封地传给嫡长子外,还可以将领土封给其他子嗣,只要上报朝廷,便可以由皇帝加封号。

此诏令一出,比起前两代皇帝的削藩政策,汉武帝的"推恩令"简直是深受欢迎。

这种看似加封、实则削弱诸侯王实力的政策很快就发挥了效果。

到了汉武帝晚年的时候,最大的诸侯王领土也不过数县,其地位仅仅相当于郡县官员。

此后,诸侯王又慢慢被汉武帝以其他借口削爵位、夺封地。

终于,历时三朝的削藩事件告一段落。

小知识

酎金律,这也是汉朝政府用于巩固皇权,削弱地方诸侯力量的一种手段。酎金是皇帝祭祀宗庙时,由诸侯奉献的进贡。汉律对于酎金的数量、大小、颜色、成色等有严格的规定。稍有不合,即定为"坐酎金"治罪。也就是诸侯国除,王削其县,以此打击地方诸侯势力。

晁错成了代罪羔羊
——"清君侧"的可怕之处

晁错出生于颍川(今河南禹县),少年时代曾经向张恢学习法家思想。

汉文帝时期,晁错任太常掌故。

有一次,朝廷征召研究《尚书》的合适人选,太常派遣晁错去济南跟随伏生学习《尚书》,接受了儒家思想。

学成归来后,晁错被任命为太子舍人、门大夫,后升职为博士。

公元前169年,匈奴不断侵犯北方边境地区,汉文帝发兵征讨,晁错乘机向文帝上了《言兵事疏》,指出对匈奴的作战中器械要坚固锋利,士卒要精兵劲卒,将领要精通军事,君主要选择良将。

文帝很赞赏他,赐给晁错诏书,以示嘉奖,但并未采纳晁错的建议。

晁错随后又向文帝上了《守边劝农疏》,提出用经济措施鼓励移民,用移民实边的办法抵御外患,这次被汉文帝采纳了。

汉景帝即位后,提拔晁错为内史。

晁错曾经多次单独晋见汉景帝,议论国家大事,景帝对他言听计从,非常宠信,朝廷中很多事情都是通过晁错处理的,这就招来丞相申屠嘉的妒忌。

后来,申屠嘉就以晁错擅自凿开庙墙为由,上书汉景帝请求处死晁错。

由于晁错提前得到消息,没有让申屠嘉得逞,申屠嘉不久患病去世了。

汉景帝随后提升晁错为御史大夫,位列三公,地位更加显贵。

公元前155年,晁错向汉景帝上书陈述诸侯的罪过,请求削减封地,提议削藩,上疏《削藩策》。奏章送上去,景帝就传令朝中的大臣显贵们集体讨论这件事。由于大家都知道汉景帝比较宠信晁错,所以没人敢公开表示反对。当时只有窦婴一个人表示不同意,就和晁错有了过节。

汉景帝马上批准了晁错的奏章,开始削夺各位诸侯的领地和权力。

诸侯们对这项政策强烈反对,开始仇视晁错。

晁错这项政策冒着极大的风险,他的父亲也感觉这么做得罪太多权贵,就劝晁错收回计划,可是晁错没有听从父亲的劝说,最后他父亲居然服毒自杀。

令晁错想不到的是,汉景帝下达削藩政策十多天后,七个诸侯国就以"诛晁错"

143

为名联兵开始了叛乱。

得到消息的汉景帝立刻和晁错商量出兵,晁错提议汉景帝御驾亲征,自己在京城留守。

此刻,窦婴入宫了,他请求汉景帝马上召见袁盎,原因是袁盎曾当过吴国丞相。

袁盎对汉景帝提出七国造反不足为患,随后请求汉景帝屏退旁人献计说:"七国叛乱目的在于斩杀晁错,恢复原来封地。只要皇上处死晁错,然后派使者赦免七国罪行,恢复他们的封地,就可以消除这次叛乱了。"

汉景帝默默地想了想,最后决定听从袁盎的计策,要他秘密出使吴国。

十多天后,丞相陶青、中尉陈嘉、廷尉张欧等大臣联名向汉景帝上书,提议将晁错满门抄斩。

无奈的汉景帝批准了这道奏章,此时在家中的晁错居然毫不知情。

汉景帝派中尉到晁错家,下诏骗晁错上朝议事。

车马经过长安东市,中尉停车,向晁错宣读了皇帝的诏书,随后晁错就被腰斩了,当时晁错还穿着上朝的服装。

后来,汉景帝才明白,七国诸侯叛乱只是借口,诛杀晁错对内堵塞了忠臣之口,对外却为诸侯王报了仇,而叛乱并不会平息。

汉景帝这才下诏讨伐,不到三个月就平定了叛乱。

> **小知识**
>
> 汉景帝杀晁错,考虑的不仅仅是七国联军能不能休兵的问题,还要看没有造反的诸侯的反应,杀死晁错可以稳住这些诸侯。更重要的是,可以让大臣团结一致抵御叛军。晁错为了削藩而死于削藩,尽管身后争议不断,但他公而忘私的爱国之情,两千年以来一直为人称赞。

选错了职业
——如果汉成帝不当皇帝会怎样

汉成帝名叫刘骜,是西汉末期第十二位皇帝,是汉元帝刘奭与孝元皇后王政君所生的嫡子,在公元前33年继位。

汉成帝出生后,他的爷爷汉宣帝很喜欢他,亲自为他取名为刘骜,常常让他陪伴在自己左右。

公元前49年,汉宣帝驾崩,刘骜的父亲汉元帝刘奭继位。

公元前47年四月,刘骜被立为太子。

青年时的刘骜爱读经书,喜欢文辞,做事比较谨慎。

有一次,汉元帝招刘骜到身边来,刘骜居然绕过驰道(皇帝专用道路)一圈才面见元帝。

汉元帝得知后非常高兴,下令以后太子可以直接穿越驰道。

从这件事情可以看出刘骜做事非常谨慎的一面。

但是,刘骜后来沉溺声色之中,常和富平侯张放在长安郊外吃喝玩乐。

汉元帝见状,曾想改立宠妃傅昭仪之子山阳王刘康(汉元帝第二子,哀帝刘欣之父)为太子,最终因为种种原因没有付诸实施。公元前33年元帝驾崩,太子刘骜继位,是为汉成帝。

从汉成帝即位时起,就花大量金钱,建造霄游宫、飞行殿和云雷宫供自己享乐。

汉成帝先是专宠结发妻子许皇后,先后生下一儿一女,可惜不久都夭折了。后来,他又宠爱班婕妤,也生下一个儿子,不幸夭折,接下来,他又看中赵飞燕、赵合德姐妹,最后投入赵氏姐妹温柔的怀里。

汉成帝当了二十六年皇帝,不过,很多人只了解汉成帝荒淫的一面,却很少了解他的另一面。

【班婕妤画像】

其实,汉成帝爱好很广泛,在体育方面也有特长,足球就是他的最爱,他是一位名副其实的"足球皇帝"。

古代足球运动叫蹴鞠,据说是黄帝发明的,具体玩法和游戏规则和当代也不一样。在有记载喜好玩足球的人里边,最具代表性的就是汉成帝了。

据说,汉成帝玩足球曾经达到痴迷的程度,以至于让朝中的大臣为此担心起来。

于是,有大臣为此给汉成帝上奏章,希望天子能够爱惜"龙体",恳求汉成帝不要太爱玩。奏章中还说皇上贵为天子,还要日日夜夜与众多的美女在一起,消耗太多的体能,如此下去会"龙体欠安",劝他少踢球。

汉成帝看了奏章,就问那位大臣说:"哪有玩球不费力气的呢?你能否找到不费力气的玩法?"

汉成帝提出这样的问题,朝中的臣子立刻绞尽脑汁开始想办法。

最后,《战国策》《别录》的编撰者刘向进献了"弹球"的玩法,就是类似一种纸上足球,但详细情况已经无从考证。

不过,从中可以看出,作为一代领导人,如果不理朝政,荒淫无度,还天天迷足球,那将会给天下带来什么样的后果。

> **小知识**
>
> 喜好足球对于皇帝来说充其量也只能作为一项业余爱好,可是汉成帝只顾自己玩乐,却荒废了朝政,最后为王莽篡汉埋下伏笔,替王莽的"新朝"开辟了道路。

天子玉槛折，将军丹血流
——朱云的"死谏"不死

朱云是汉元帝时期的人，到中年以后，才开始废寝忘食般的读书，他的老师是肖望之。

一开始，朱云学习《论语》，后来还跟博士白子友学《易经》。

朱云能言善辩，在《易经》上有很高的造诣，在一次朝廷举办的易经研讨会上，他将当时研究《易经》的著名人士，也就是官居少府的五鹿充宗先生驳得哑口无言。

后来，朱云被推荐为御史大夫，但朝中权臣阻挠最后没有上任。不过，朱云从来没有把官位放在心上。他在权势人物面前谈论《易经》，用深厚的学识打动众人；屡次上书汉元帝抨击腐败现象，结果受到迫害。

但朱云的气节吸引了不少与他有相同抱负的义士，即使身处逆境，也能做到同舟共济，肝胆相照。

汉成帝时期，博学多才但性格耿直的朱云在槐里当了县令。尽管官职很小，但他向来疾恶如仇，勤政爱民，深受百姓的拥戴。

当时，朝廷有一个奸臣叫张禹，身居高位但贪得无厌，又善于谄媚。

朱云对于一般平民的疾苦都能仗义执言，现在见到张禹这种欺上瞒下、为非作歹的高官，很快就燃起了为国除害的胸中之火。

朱云随即给皇上写了奏章，希望能面见皇上陈述社稷安危的大事。

汉成帝对这个县令的提议感到有些意外，就接见了朱云。

当时，朝廷重臣位列两旁，朱云气度优雅、从容不迫地走进了朝堂。

他慷慨激昂地对汉成帝说："今天，我向万岁禀报，在朝廷内有一位大臣，他尽管身居高位，但上不能辅佐主上，下不能利益民众，心里头只想着多拿俸禄。圣人曾说：鄙夫不可与事君。微臣愿借陛下的尚方宝剑，将此奸臣斩首示众。"

汉成帝听到这里惊讶地问："你说的这个人到底是谁？"

朱云果断地回答："此人就是安昌侯张禹！"

众位大臣听到这里都在为朱云捏一把冷汗，汉成帝更是感到非常吃惊，站在一旁的张禹则是露出冷笑，默默观察着朱云的举动。

汉成帝沉默一会儿旋即大怒："你职位不高可胆子不小，居然敢诽谤高官，侮辱帝师,罪死不赦!"随后,下令左右把朱云推出去斩了。

朱云被推下殿,可是心里依然非常激动,他奋力向前,但还是被强行推到了金銮殿外。

令大家想不到的是,此刻朱云居然死死抓住玉石栏杆不放,最后把栏杆都折断了。

朱云大义凛然地高喊:"我能跟关龙逄、比干在地下相见,很满足了!只是不知道陛下和朝廷的前途怎么样?"

汉成帝跌坐在龙椅上,还是怒火满胸,什么话也听不进去。

这时,朝廷上有一位叫辛庆忌的将军,见到朱云如此英烈非常感动,就卸下自己的衣袍、冠冕还有授印,跪在地上连连叩头,恳求皇上收回成命:"万岁,朱云性情狂直,早已天下闻名。他如果说得对,不能杀他;说得不对,也应该宽恕他。臣愿以死相保,请求陛下免他一死。假如您今天把朱云杀了,您不就成为暴君了吗?"

这句话提醒了汉成帝,汉成帝这才转怒为喜,连忙命左右将朱云放了。

后来,随从准备修复被朱云折断的栏杆,却被汉成帝制止。因为这个被折断的栏杆,可以时时提醒自己不要受奸佞之臣的迷惑,同时也嘉勉像朱云这样忠直的谏臣。

【折槛图】

小知识

人微言轻,但朱云忠心耿耿,看到张禹这样的奸臣,便置生死于不顾,要为民除害。朱云这种视死如归、敢于死谏的精神,一定能在青史之上浩气长存。

外交名家"借酒行凶"
——傅介子斩杀楼兰王

傅介子是北地（甘肃庆阳西北）人，汉昭帝时期因为投军而被提拔做了官。

当时，龟兹、楼兰都杀过汉朝的使者。到了元凤年间，傅介子向汉昭帝提议以骏马监的身份出使大宛国，并拿着汉昭帝的诏书去谴责楼兰、龟兹这些国家。

傅介子首先到了楼兰，见到楼兰国王就责备他怂恿匈奴截杀汉朝使者。

傅介子说："汉朝大军就要到了。如果您不支持匈奴，匈奴使者经过这里到西域各国，您为什么不报告？"

楼兰国王害怕了，回答说："匈奴使者刚刚过去，估计现在到乌孙国了，中途经过龟兹国。"

傅介子到了龟兹国后，又责备龟兹国王。

龟兹国王表示认罪。

后来，傅介子从大宛回到龟兹之后，龟兹人马上向他报告说："匈奴使者刚刚从乌孙回来，就在这里。"

傅介子当机立断，率领手下的汉军一起杀死了匈奴使者。

傅介子回到京城把情况向皇上做了禀报，汉昭帝下诏任命他为中郎，升职为平乐监。

可是，经过这件事之后，楼兰国和龟兹国依然如旧，还是对汉朝的使者心存歹意。

可是，汉室皇廷内一时也没有好办法对付。

傅介子就对大将军霍光说："楼兰、龟兹国反复无常却没有受到我们大汉王朝的斥责，如此下去我们就无法惩戒西域的其他国家。我经过龟兹国时，他们的国王离人很近，应该容易得手。我请求前去刺杀他，以此树立威信告示各国。"

霍光说："龟兹国路很远，你还是先去楼兰国试一试吧！"

于是，他们上奏汉昭帝之后，傅介子就出发了。

傅介子带领士兵和一些金银财宝来到楼兰国，一开始，楼兰国王表现出一副不愿亲近傅介子的样子，傅介子就假装离开了。

等到达楼兰的西部边界，傅介子对楼兰人说："汉朝使者带着很多金银财宝准备赐给西域各国,你们大王如果不来受赐,我就要到西面的国家去了。"傅介子说完,还拿出财宝给楼兰人看。

楼兰人回来就把情况报告给楼兰国王,楼兰国王就让傅介子回来,然后热情款待傅介子。

酒醉之后,傅介子就对楼兰王说:"大汉天子派我来私下报告大王一些事情。"楼兰国王起身随同傅介子进入帐中,此刻埋伏在里边的两个壮士从后面杀死了楼兰国王。

楼兰国王一死,他手下的贵族和左右官员都准备逃走。

傅介子告诉他们说:"楼兰国王有罪于汉朝,是大汉天子派我来杀死他。现在,你们应该立以前留在汉朝为人质的太子为王。汉军很快就到,你们不要轻举妄动,不然的话,就把你们的国家消灭!"

随后,傅介子就带着楼兰国王的首级回到长安,朝中公卿、将军等都称赞他的功劳。

汉昭帝下令说:"楼兰国王充当匈奴的间谍,暗中侦探、派兵杀戮抢掠汉朝使者,还偷走使者印绶和贡品,违背天理。平乐监傅介子拿着符节出使,诛杀了楼兰王平安归来,以正直之道回报有怨恨的人,立下大功。特封傅介子为义阳侯。士兵中刺杀楼兰王的都补官升职为侍郎。"

傅介子在西域各国为汉朝竖立了威信,让这些国家不敢蔑视大汉王朝,为汉室立下了大功。

小知识

处理非常之事需用非常之人。傅介子英勇果敢,机智过人,没有带领大批兵马就将楼兰国收拾得服服帖帖,老老实实拜倒在汉朝天子的脚下。

这个"卖国贼"当得太无奈
——李陵从功臣到降将

李陵是"飞将军"李广的孙子,年轻时担任侍中建章监。

李陵也像自己爷爷一样善于骑马射箭,对人有仁爱之心,名声很好。

他曾经带人深入匈奴境内两千多里去侦察地形,期间没有遇到一点麻烦顺利返回营地,立功后升为骑都尉,带领精兵五千驻守在酒泉、张掖等地防卫匈奴。

公元前99年,李广利统领三万骑兵从酒泉出发,攻击在天山一带活动的匈奴右贤王。

汉武帝召见了李陵,命令他为大军运送粮草,协助李广利。

李陵来到朝堂向汉武帝叩头说:"臣下率领的屯边将士都是勇士,希望能够让臣下单独带领实施作战,到兰干山南边扰乱匈奴单于的部署,恳求皇上不要让我们只做李广利将军的运输队。"

汉武帝告诉李陵没有马匹拨给他的军队。

李陵回答:"臣下不用马匹,只用五千步兵直捣匈奴单于的王庭。"

汉武帝终于被李陵的勇气感动了,就命令强弩都尉路博德领兵在中途协助李陵的部队。

路博德以前做过伏波将军,现在不愿意做李陵的后备军,便上奏:"现在秋季是匈奴马肥的时候,和他们开战对我们不利。臣下希望李陵等到明年春天再出兵打击匈奴,到那时肯定能获胜。"

汉武帝看到奏章大怒,怀疑是李陵后悔不想出兵而让路博德上书,于是传诏路博德:"李陵当初说以少击众,现在匈奴入侵到了西河,命令你领兵马上赶到那里守住。"接着,又命令李陵在九月发兵。

就这样,李陵率领他的五千步兵从居延出发了。

军队向北行进了三十天之后,抵达了浚稽山扎下军营。

李陵把所经过的山川地形绘制成地图,然后派手下骑兵陈步乐回到长安禀报。

陈步乐到长安后被汉武帝召见,禀报说李陵带兵有方,得到手下将士的拥戴,都愿意为皇上死力效命。

汉武帝听后非常高兴,就提拔陈步乐做了郎官。

151

然而,此刻李陵在浚稽山遭遇到匈奴单于的先锋部队,被匈奴三万多骑兵包围。

李陵指挥手下弓弩手射箭,匈奴兵应弦而倒,纷纷退败。

汉军开始追杀,有几千名匈奴兵被杀死。

匈奴单于非常吃惊,集中了八万多骑兵一起围攻李陵的部队。李陵被迫向南且战且退,几天后被围困在一个山谷中。

连日的苦战,汉军很多士兵中箭受伤,非常疲惫。

李陵被困在山谷底,匈奴军在山坡上从四面射箭,箭如雨下。单于还切断了他们的退路,在险要处扔下石头,很多士卒被砸死,不能前进。

李陵带领十多名士兵冲出重围,匈奴数千骑兵紧追不放。

见逃跑无望,李陵长叹一声下马投降了。

汉武帝得知李陵投降匈奴后大怒,将李陵家处以族刑,李陵的母亲、兄弟和妻子都被斩杀。

【明代画家陈洪绶创作的《苏李泣别图》,描绘的是李陵见苏武的场景】

小知识

汉武帝后来明白李陵是得不到援兵被迫投降,感到很后悔,于是派使者慰问并赏赐李陵的残部。但是,此时已经晚了,李陵的家人已经被处死,而李陵作为叛将也永远成为饱受争议的历史人物。

舆论的杀伤力
——王莽其实是民选皇帝

王莽以窃国贼的身份得以在历史上留名,可是在他刚出道的时候,很多人喜欢他、崇拜他。

王莽走上仕途首先应该感谢他的伯父王凤。

当时王凤卧病在床,王莽"不解衣带"地伺候。这个孝顺的举动终于把王凤感动了,这位手握重权、位列三公的大司马在生命弥留之际,给当朝太后、自己的亲妹妹王政君写下一封推荐信。

自此,王莽在大汉的朝堂上悄然崛起。

王莽出身贫寒,为人谦虚,礼贤下士,清廉俭朴,对待自己的门客和其他不相干的穷苦人也是毫无架子,经常把自己的薪俸分给这些人。有的时候为了接济穷人,甚至卖掉马车,因而深受群众爱戴。虽然人民对王莽一片赞誉,但是顶头上司汉成帝并不看好他。考上公务员六年以来,王莽的职务仅仅升迁了一次,从黄门郎升为射声校尉。

六年的光阴,王莽仅仅从低级官员步入到中级官员的行列,如果照这样发展下去,恐怕王莽不仅成就不了"以新代汉"的伟业,想在史书上留下一笔都难。这时,王莽的好人缘再次帮了他的忙。他那些叔叔,跳出来为侄子大鸣不平,这样一来,王莽不仅成了王侯,还有了自己的封地。

三十岁的王莽终于不辱家门,做到了三十而立,被封为新都侯,并且成为骑都尉、光禄大夫、侍中,终于跻身到高层领导集团。

从此,王莽崛起的速度如同安装了火箭推进器一般,八年之后,他成为大汉帝国的大司马,真可谓是一人之下、万人之上。

此时,王莽的名声已经不再局限于他身边的小圈子了,而是传遍了整个大汉王朝,所有人都敬仰他的品行和德操。

这个时期的王莽,也真是日日夜夜为国家的前途着想。为了遏制越演越烈的土地兼并现象,他发布了"限田令",这大大延迟了农民起义所爆发的时间。此时的成帝整日醉心于莺歌燕舞,王莽却是奉公克己、一心为民。

不久之后,成帝暴毙身亡,哀帝继位。

新皇帝上台之后,王莽的政治生命遭受了严重的挫折——他被免职了,不得不回到自己的封地"颐养天年"。

被免职的起因是一场宴会。

汉哀帝坚持要将自己的亲祖母和王太后相提并论，并且强调要落实到宴会具体的礼仪上，把这两位太后的椅子并排放在一起。这一举动遭到了王莽的坚决抵制。最后，汉哀帝在这场对决中失掉了皇帝的面子，而王莽却失去了宰相的位子。

汉哀帝元寿元年的第一天，大汉王朝发生了骇人听闻的日食。新年之初，上天就发出如此严厉的警告不仅使官员们人心浮动，汉哀帝本人也是狐疑不已。官员们纷纷上书请求皇帝将王莽重新召回京城，以解天谴。

汉哀帝心一软，下旨王莽回京。

令人始料未及的是，仅仅过了一年，年近二十五岁的汉哀帝就驾鹤西归了。这个因同性恋而闻名的皇帝，对历史最大的贡献就是留下了"断袖之癖"的典故。汉哀帝没有儿子，新皇帝只能在宗亲之中挑选。

这是一场在王莽严格监控下的帝王选拔赛，虽然此时即位的平帝政府依旧姓"汉"，但却打上了鲜明的王氏烙印。

公元1年，南越人向朝廷进献白雉和黑雉，因为周朝时曾有人向周成王进献白雉，朝廷便有好事官员上书要求封王莽为"安汉公"。

公元4年，王莽再次双喜临门，他不仅成了平帝的岳父，而且荣登宰衡之位。

公元5年，王莽几乎和皇帝平起平坐了。当时，朝廷收到四十八万七千五百七十二人上书，恳请王莽接受封地。如果当时进行民意调查，王莽的支持率应当在百分之九十九左右。高层官员当中，支持加九锡的王公列侯及卿大夫九百零二人，几乎百分之百。九锡是九种极其尊贵的物品，属于天子的礼制，一个大臣要是被加了九锡，基本上可以建立一个公国了。

王莽如愿以偿了，几十万人的联合呼喊，将他的政治影响力推向了巅峰。这时候历史舞台的最高处站着两个人，一个是已经聚揽了无数人气、权倾朝野的王莽，另一个则是登基称帝全靠王莽的平帝。

这场较量还未开始，便胜负已定。

小知识

王莽的为人，让后来的史学家很受争议。西汉末期汉室衰微，才让王莽之类的外戚得到参与朝政的机会。一边是汉成帝荒淫不理朝政，一边是外戚王莽野心勃勃，这种情况下肯定会出现政权移位。

第四篇
儿女情长哀怨生
——多少人败给了"爱情"

没有花前赏月，只有柴米油盐
——吕雉下嫁刘邦的酸甜岁月

如果没有吕公到沛县避难，就不会有刘邦和吕雉的相遇，那么历史又会是什么模样呢？

秦始皇无节制地用人力逼得陈胜身先士卒举旗起义，一石激起千番浪，有了陈胜这个表率，那些早就看秦始皇不顺眼的人也都纷纷揭竿而起。

最后，秦始皇落了个众叛亲离人人喊打的下场，想不灭亡都难。

可是天下一乱，那些豪门大族的日子可就不好过了，吕公就是典型之一。

为了避难来到沛县的吕公刚一落脚，吕公的好友沛县县令就迫不及待向吕公示好。他正好听说吕公家的女儿吕雉既漂亮又贤德，就赶忙和吕公提出求婚之事，以免晚了被别人娶走。

可是吕公丝毫没把县令放在眼里，一口回绝了这个婚事。

这时候，吕公来到沛县的消息已经传开，当地有身份的人都争先恐后地挤在吕公家的大堂内献礼。

等到了吕公家的大堂挤不下，吕公只好请萧何主持献礼活动，并规定："赠礼没超过一千金的人，只能坐在堂下。"

就在这时，刘邦出场了。刘邦这个出场其实并没有表现出气宇轩昂的气质，反而是带着一身流氓气冲进了大堂，大喊道："我出一万钱！"

在座之人，没一个不惊讶的。

不过吕公到底是见过世面的，虽然刘邦谈吐粗俗，穿着简陋，可是面相却很好，便客气地请刘邦坐在首位，还直接提出要把女儿吕雉嫁给刘邦。

这件事被吕夫人知道后，简直是气坏了，直骂吕公说："你怎么能把我们的女儿嫁给一个穷小子呢？"

可是吕公却说："这不是你们女人家能明白的。"

其实，吕公当时虽然在沛县受到很好的接待，可是却遮掩不了他迁移到沛县的本意。

吕公是因为要躲避仇人才跑到沛县，而人生地不熟的他，想要真正在沛县站稳脚跟就一定要找个靠山，这样才能保障他一家老小的安全。

按理说，吕公想找靠山，沛县县令自然是最好的选择，何必选择一个小亭长刘邦。原来，县令的左右文武两位帮手，萧何和曹参，凡事都听小亭长刘邦的，而像樊哙这些沛县"地头蛇"又都是刘邦的"好兄弟"，更重要的是，沛县的父老乡亲对刘邦平日也很敬重。说到这里，吕公为何选择刘邦已经再明白不过了。

何况刘邦平日还能够"仁而好施"，所以说在沛县中最有人望和最有实力的并不是县令，而是刘邦。

可是实力归实力，刘邦每个月领的工资也就是个小亭长的水平，加上他平时喜好结交朋友，难免需要花钱应酬，吕雉嫁给刘邦以后的日子有多艰难可想而知了，何况吕雉从前还是一个娇生惯养的富家小姐。

不过吕雉也是嫁鸡随鸡，虽然和刘邦在一起的日子过得很清贫，可是吕雉一点也没有抱怨，也没有那些千金小姐的脾气，而是每天跟着刘邦走进柴米油盐洗衣做饭的世界。

吕雉也知道，刘邦是胸中有个大志的人。

因此，在刘邦迷惘失落的时候，吕雉就会巧妙的提醒刘邦，这才有了算命和云气两个谎言。

刘邦和吕雉的生活从一开始就不浪漫，可是正因为有两人粗茶淡饭相濡以沫、吕雉对刘邦任劳任怨的付出，刘邦才能无牵无挂地去创造事业。

小知识

当时社会的婚嫁，虽然看重门第，但张耳、陈余、陈平等都是落魄之徒，却和刘邦一样，都娶到了富家千金。可见，"大丈夫患志不立，何患无妻"这句话还是有道理的。

有些真爱，不论权谋
——项羽可比刘邦专一得多

楚霸王项羽除了给世人留下一曲楚汉争霸的英雄绝唱，还留下了一个与美人虞姬的柔情故事。

这位性情暴躁的霸王，唯独见到虞姬的时候会流露出少见的柔情。

当年，刘邦攻进了咸阳城，其后项羽也跟着攻了进来，一把大火将阿房宫烧得寸草不生，又将在秦朝宫殿大肆搜刮来的金银珠宝全部送到了自己的根据地彭城。

对于一个出身显赫的霸王来说，他真的就在乎这些身外之物吗？

其实，他不过是为了讨好虞姬罢了。

楚汉争霸进入第四年时，项羽已经显出了弱势，当项羽和刘邦的大将韩信即将在垓下展开激战时，一路随军的虞姬守在军营只能苦等着项羽平安归来。

每一次项羽率军离开都是一个生死难料的告别，虞姬担忧项羽的安危，但也知道这是项羽的选择，并不去阻止。

在刀山火海中，虞姬能做到的只是陪伴着项羽。

又是一次从战场上归来，虞姬看到项羽平安无事，心中的大石总算放下了。

可是项羽虽然回来了，他这次作战的形势却并不乐观。

原来，项羽中了韩信的十面埋伏计，虽然项羽最后靠着自己的勇猛，以及钟离眛、季布在左右奋力相护得以从汉兵的包围圈里杀出血路，可是项羽的兵马已经损失了八成。

像这样的失败，对项羽来说还是头一遭，这无疑给项羽一个巨大的打击。

乘胜追击的韩信继续率军行进到项羽的营地，以兵力的优势将项羽的军营围个水泄不通。不仅如此，韩信还命士兵唱楚歌来瓦解楚军的斗志。

所有的汉军将士自四面八方包围着楚军，又一同齐声唱着楚歌，其歌词无句不哀，无字不惨，使那些惨败的楚兵，无不怀念起遥远的家乡，一时间斗志全无，一个个在夜色掩护下陆续逃散。

楚霸王项羽明知士兵相继逃跑，也不再阻止。这场战争孰胜孰负已经很明显了。

夜不能寐的项羽只能心情烦闷地坐在军帐中饮酒，而陪在他身边的依旧是他

深爱的虞姬。

无论多么困难的险境，虞姬都没有畏惧过，她所求的，只希望能够与项羽在一起。

面对着自己深爱的虞姬，面对着多年伴随自己驰骋战场的骏马，项羽悲从中来，心绪难平，不禁慷慨悲歌：

"力拔山兮气盖世，时不利兮骓不逝；

骓不逝兮可奈何，虞兮虞兮奈若何！"

这时候的项羽已经知道自己难以逃出死神的魔爪了，他的梦想，他的功业，都将烟消云散。

可是项羽却始终放不下自己所深爱的，陪着他南征北战的虞姬。

依偎在项羽身旁的虞姬听了项羽的心声，也忍不住啜泣起来，若断若续地接着吟道：

"汉兵已略地，四面楚歌声；

大王意气尽，贱妾何聊生！"

那些往日随同项羽并肩作战的亲信和侍臣见了此情此景，都情不自禁地流下了热泪。

这时，营中更鼓连敲了五下，项羽知道，自己要面对死亡的时候了。

于是，项羽回头对虞姬说："天将明，我当冒死冲出重围，你做好准备与我一起逃出去！"

为了不让项羽有后顾之忧，虞姬对项羽说："贱妾生随大王，死亦随大王，愿大王保重！"语毕，虞姬一个转身，已经从项羽腰间拔出了佩剑，自刎而死。

虞姬香消玉殒，项羽悲痛地抚摸着她的尸体放声大哭，可是这已经是最好的选择了。

告别虞姬以后，项羽命人就地将虞姬埋葬，然后跨上战马，去迎接人生最后的战斗。

小知识

据说，在虞姬血染的地方后来长出了一种罕见的艳美花草，人们为了纪念这位美丽多情的虞姬，就把这种不知名的花叫作"虞美人"。

红颜薄命惹人怜
——戚姬从宠妃到"人彘"

刘邦宠爱戚姬的时候早就忘了吃苦坐牢的吕雉,吕雉的付出也许戚姬并不知道,可是戚姬还是没能做好一个妾室的本分。

在刘邦的宠爱下,戚姬对权力的野心也逐渐膨胀,等到刘邦即位称帝,戚姬再也容不下吕雉压在自己的头上。

戚姬想做皇后,就利用刘邦对自己的宠爱来打压吕雉。而刘邦和吕雉这对结发夫妻在多年的爱恨交织下也终因戚姬变得情谊全无。

吕雉和戚姬的争斗刘邦并非不知,可是当吕后完全占据上风时,刘邦不由得哀叹:戚姬和刘如意要有难了!

为了让戚姬和刘如意在自己死后免受吕后的迫害,刘邦将刘如意送到了封地赵国,又任命秉性刚烈的大臣周昌随同保护。

几天后,年仅十岁的刘如意就要被送走了,母子分离,戚姬早已哭成了泪人。刘如意更是依依不舍地紧紧拉住母亲的裙角不肯放手。

爱子被送走后不久,刘邦完成了自己的心头大事,终于支撑不住倒下了。

刘邦去世以后,刘盈登基,吕雉正式成了掌权人。

多年的恩怨早就令吕雉对戚姬恨得牙根发痒,此时已经没有刘邦的庇护,吕雉当上太后的第一件事就是命人把戚姬抓来。

原本容貌娇艳的戚姬被剃去了头发,戴上了冰冷的铁枷,被关在"永春巷"的特别监狱里,每天只能如犯人般完成规定数量的舂米。

已经落魄至此,戚姬却还要一边舂米,一边哀歌:"子为王,母为虏,终日舂薄暮,常与死为伍!相去三千里,当谁使告汝?"

吕雉原本还发愁应该找什么罪名折磨戚姬,此时戚姬正好为自己送来了机会。

吕雉听到戚姬的这一段唱词后,大笑道:"还想指望你儿子来救你,简直是做梦。一不做、二不休,本太后索性来个斩草除根!"

于是,吕雉下令召刘如意进京。可是,刘邦死前留在刘如意身边的周昌还在,吕雉自然不能得逞,几次之后,吕雉知道要先解决周昌才能把刘如意召进京城。

于是,她便下令让周昌入朝。

周昌离开后,刘如意不久也被召进了京城。

赵王进京的消息被惠帝刘盈得知后,为了避免母后残杀刘如意,仁厚的刘盈亲自到长安郊外来迎接弟弟。

不仅如此,刘盈一直把刘如意带在身边,就连吃饭睡觉都在一起。

可是毕竟明枪易躲,暗箭难防。

某一天,刘盈早起打猎,看着刘如意还睡得正酣,就离开了。

当刘盈打猎回来时,看到的已经是七窍流血的刘如意。

刘如意死后,吕雉又开始对付戚姬。

这一次,吕雉再也没对戚姬手软,她先下令将戚姬的双手双足砍下来,接着又把她的眼睛挖出来,并用烟将她的耳朵熏聋,又强迫她喝下哑药,然后将戚姬装在一口大瓮里扔在厕所,命名为"人彘"。

吕雉完成了这一件满意的"作品"后,自己欣赏还不能满足,还要把刘盈叫来一起参观她的杰作。

此时的戚姬两眼已成两个鲜血涔涔的黑洞,嘴不能言,耳不能听,没有手也没有脚,求生不得,求死不能。

人间最残酷的刑罚就这样施加在一个女人身上,三天之后,戚姬才从痛苦中解脱出来,悲惨地死去了。

不受宠也能成为太后
——薄姬，宫闱中的黑马

当年薄姬有两个情比金坚的闺蜜，一个叫管夫人，一个叫赵子儿，这三个女子还曾经一起立过誓言："谁先富贵了，都不要忘记提携故人。"

后来，刘邦因为胸前中箭只得退居在河南郡的成皋县养伤。

有一天，刘邦在饮酒作乐时，正好管夫人和赵子儿陪酒助兴，酒酣之际，两个美人想起旧时的誓言，便和刘邦说起当年的盟誓，说如今三个姐妹还缺薄姬。

刘邦听两个美人提到薄姬的处境，心想，这个薄姬也够可怜的，一时感怀当夜就召见了薄姬。

就在刘邦召见薄姬的前一个晚上，据说薄姬还曾做过一个怪梦，梦里有一条飞龙盘踞在她的身上，梦醒以后竟然意外得到为刘邦侍寝的机会。

也不知是命中注定还是碰巧偶然，薄姬还是为刘邦能够临幸自己而感到高兴。

这天夜里，薄姬躺在刘邦身边对刘邦提到了这个梦境，刘邦一听，也十分高兴，并且将这个梦解读为天缘，他对薄姬说道："这是你的富贵，我自然要成全你。"

不过，一夜春宵以后，刘邦便再也没有回到薄姬身边。可是到底薄姬还是有福气，就这么一次偶然的机会，她竟然怀上了身孕。

十月怀胎，她平安生下了皇子，也就是汉文帝刘恒。

不过，薄姬并没有因为生了一个儿子就得到刘邦的宠爱，她一个人孤独地抚养着刘恒。

在深宫之中，人人都是势利眼，像薄姬这种既不受宠爱，又碰巧生了一个儿子的女子稍不留神就会受到其他宠姬的妒忌。即便薄姬处处忍让躲藏，还是会有麻烦找到她的头上。

为了保全自己，薄姬的处境可想而知。

久而久之，薄姬就养成了谨小慎微的性情，即使对按例派来侍候她的宫女，薄姬都不敢得罪。

就是这样的女人，谁也没想到有一天她会成为一国的太后。

后来，刘邦去世了，薄姬也面对人生转折。

原本最受宠爱的戚姬遭到吕雉秋后算账被折磨致死，而其余被刘邦宠幸过的

女人也都没能逃过吕雉的报复，只有薄姬逃过一劫。

当然，薄姬能幸免于难并不是因为和吕雉有什么交情，而是因为薄姬实在太没有存在感了，吕雉根本注意不到她，没拿她当一回事。

于是，在吕雉的凶残杀戮下，薄姬算是逃过了一劫。

不过，薄姬毕竟还有一个儿子，正因此，她意外地得到了吕雉特别的恩遇：被送往儿子刘恒的封地，不但让她母子团圆，更给予她"代王太后"的称号，使她成为大汉王朝仅次于吕雉的贵妇人。

小知识

薄姬的父亲与从前的魏国宗室之女魏媪私通生下了薄姬。后来，秦朝末年，魏豹自立为王，魏媪请人为薄姬看相，卜算到薄姬将生下太子，于是，魏媪将薄姬送入魏王宫中。到了刘邦建立汉朝，魏豹跟随刘邦打天下，等魏豹死后，刘邦见薄姬很有姿色，就将薄姬纳入后宫。

只闻新人笑，不闻旧人哭
——窦漪房的风光背后

窦漪房的童年其实很悲惨，生在贫苦之家的她早早就失去了父母。

十三岁那年，窦漪房在井边打水的时候被宫中招揽美女的官员看中，直接将她掳进了皇宫。

当时的窦漪房并没有体会到"一入宫门深似海"的危机，也没有攀上皇亲的念头。对于她来说，只知道自己被迫离开了自己的哥哥和弟弟，命运要被改变了。

进宫以后，窦漪房被分到吕雉身边做宫女。

后来，刘邦去世，薄姬与其子刘恒被送到封地代国。吕雉为了表示恩宠，便将连同窦漪房在内的五名宫女送给了代王刘恒，也就是后来的汉文帝。

当窦漪房和其他四名宫女坐上驶往代国的马车时，她们仍然不知道自己未来将面对的是什么，可是在心里都隐隐知道如果能够被代王看中，就不必再做宫女了。

窦漪房不知道远在家乡的哥哥和弟弟是否安好，更不知道此生还能不能再见到自己的亲人，心里很难过。

马车一路颠簸，窦漪房一路落泪，终于到了代国王宫，然而其他四名在车上卖力打扮的宫女做梦也没想到的是，代王竟然只看中了窦漪房。

相较于花枝招展、浓妆艳抹的四名宫女，清新脱俗、楚楚动人的窦漪房一眼就被代王看中了，这简直让其他四名宫女傻了眼，一路上的费心打扮都白费了，没想到代王竟然喜欢素面朝天的女子。

此时，窦漪房身上那种与世无争的气质深深吸引着刘恒，就这样，在缘分的撮合下，两个人在一起了。

几个月后，窦漪房正式成为代王的妃子，从此以后，刘恒只宠幸窦漪房一个人，对其他的女人看都不看一眼。

后来，刘恒的王后因病去世，窦漪房自然被封为新任王后，为了表示对窦漪房的爱情，刘恒做出了历代帝王都难以做到的事情：解散后宫。

可是就在窦漪房和刘恒甜甜蜜蜜过日子的时候，汉宫内却发生了政变：吕雉去世了，接着吕氏一族被尽数诛杀，连同吕雉立的小皇帝也没能幸免。

国不可一日无君。这时候朝臣们开始考虑找刘邦的哪个儿子做皇帝了，最后，

代王刘恒成了最佳人选。

在朝臣看来,无论是代王的母亲薄姬还是王后窦漪房都是孤苦无依的女子,不像吕雉那样有自己强势的宗族,自然能够避免外戚的危害。

朝廷也是被吕雉给搞怕了,虽然当时没人认为代王会是明君,但是只要想到不会再发生外戚之乱大家就纷纷表示赞同。

可是当窦漪房随同刘恒乘着龙辇来到京城后,窦漪房与刘恒的感情也慢慢地拉远了。

当上皇帝的刘恒按照制度必须要纳妃充实后宫繁衍后代,这时候,有个年轻貌美的慎夫人走进了刘恒的心里。

慎夫人的出现,虽然没有威胁到窦漪房的地位,却动摇了刘恒对窦漪房的宠爱。

有一年,秋高气爽,刘恒带着窦皇后、慎夫人以及大臣们到长安郊外的御花园上林苑赏花。

在晚宴上,刘恒竟然让慎夫人与窦皇后并排而坐,这明显违背了宫中制度。但是皇帝的命令不能不听,上林郎官只得把慎夫人的座位也安排在与皇后对等的上席。

中郎将袁盎看不下去,当即命令内侍把慎夫人的座位撤到下席。

这下惹得慎夫人不高兴了,说什么都不肯入席。

见到自己宠爱的慎夫人生气,刘恒也跟着生气了,怒气冲天地拉着慎夫人乘着皇辇就回转宫中。

上林之行,也因此乘兴而来,败兴而归。

不知当时在场的窦漪房见到刘恒的做法,心里会不会想起刘恒曾经对自己的情意和誓言。

小知识

窦漪房早年离家后,他的幼弟窦广国因为家里贫困,父亲早死,被人抢夺拐卖。

后来,窦广国到了长安听闻窦皇后的故事,便知这是自己的姐姐,于是向朝廷上书。

当窦漪房召见窦广国时,窦广国说出年幼时窦漪房离家前为自己洗头送食物的事情,窦漪房听到后拉着弟弟痛哭流涕,就连身边的汉文帝刘恒以及宫人都感动不已。

岁月，酿不出"爱情"
——汉景帝最终废了薄皇后

薄皇后和汉景帝刘启的婚姻当初是薄太后一手操办的。

这桩婚事最初也不能说是硬逼着刘启娶薄皇后，毕竟刘启自己也主动过。在皇子争位的斗争中，薄太后想以薄皇后稳固薄氏家族的地位，而刘启则希望能通过薄皇后得到祖母薄太后对自己的支持。

薄皇后在这里面的作用显而易见。

等到薄皇后终于如大家所愿从太子妃变成了皇后，她的价值也就不存在了。

一开始，薄皇后还只是太子妃时，刘启对她就没什么宠爱，相互利用的政治婚姻，礼节性的夫妻生活，想要谈感情根本是不可能的。

何况刘启在其他妃嫔那里一个儿子又一个儿子的生，这对于始终没有生育的太子妃来说简直是过着守活寡的日子。

后来，薄皇后从太子妃晋级为皇后。可是这位连皇帝都不重视的薄皇后加上没有儿子，她在后宫中别说没什么威望，就是普通的妃嫔都敢欺负她。

刘启始终对薄皇后没什么感情，虽然薄皇后是陪伴刘启最久的女人，并且一直都很温婉。也许，刘启也曾对薄皇后动过怜香惜玉之心，想过要好好和薄皇后相濡以沫地过日子，可是他就是对薄皇后没有喜欢的感觉。

日久生情对于刘启来说也是没有用的。

正因如此，薄皇后和刘启的婚姻不但对薄皇后来说是灾难，对刘启来说也是一种煎熬。

不过，薄皇后的确是一名贤德的皇后，在她做皇后期间，后庭中的秩序都是井井有条，妃嫔们也都能得到公正的待遇，更重要的是，刘启的每一位皇子除了因病过世没有因宫廷内斗被残害的。

然而，无论薄皇后多么贤德，这一切终归会结束。

薄太后病逝后，没了靠山的薄皇后日子更加难过了。

这时，刘启要考虑立太子，既然没有嫡子，就要把栗姬所生的长子刘荣立为太子。

有了儿子撑腰，栗姬自然开始打皇后位置的主意。既然儿子已经是太子了，自己不是皇后岂不是很没面子。何况,刘启不喜欢薄皇后,在皇宫中谁都知道,刘启应该也早就想废掉薄皇后了。

到了这时候,薄皇后被废也就不是一件难以想象的事情了。

小知识

薄皇后在被废后四年去世,葬在长安城东平望亭南。她也是中国历史上第一位被废黜的皇后。

爱情没有那么美
——司马相如的见异思迁

蜀中乃人杰地灵之所在，无数文人雅士出自蜀中，司马相如便是其中一位。他因追慕战国时代赵国名臣蔺相如，遂以"相如"为名，立志为国做一番事业。

景帝即位之初，司马相如来到了长安，投身在梁王门下。梁王十分欣赏司马相如的才华，就把名叫"绿绮"的名琴送给了他，此琴上刻有"桐梓合精"四字，属于当时不可多得的名贵乐器。后来，司马相如便是用这把琴弹奏出"凤求凰"，令卓文君听后夜奔，后世称之为"绿绮传情"。

然而，卓文君与司马相如私奔的时候，由于梁王去世，宾客四散，司马相如已不是当初那般的诗酒逍遥，而是家徒四壁、穷困潦倒。卓文君就是在司马相如最穷困的时候，不顾嫌隙、不嫌贫穷、连夜奔往他的住所。

对于此事，卓文君的父亲卓王孙自是大发雷霆，认为司马相如是有辱衣冠风度，自己的宝贝女儿更是太不争气了，做出此等败坏门风的丑事，使得他颜面丢尽。更要命的是，这对"非法同居"的夫妻，竟然来到临邛开了一家小酒坊。卓文君素面朝天，当垆沽酒，司马相如穿上了下人衣服，做起了打杂跑堂的工作。碍于面子，卓王孙迫不得已分给女儿卓文君童仆百人，钱百万缗，并厚备妆奁，接纳了这位将生米已经煮成熟饭的女婿。

汉武帝即位后，对司马相如所写的《子虚赋》十分赞赏，就召见了司马相如。司马相如竭尽才智写了一篇《上林赋》，盛赞皇帝狩猎时的盛大场面，举凡山川雄奇，花草繁秀，车马垣赫，扈从壮盛，皆纷呈字里行间。好大喜功的汉武帝一见之下，拜司马相如为郎官。司马相如在长安踌躇满志，卓文君则在成都独守空闺。

后逢西南诸夷之地动乱，司马相如又凭着一支生花妙笔，写下一篇檄文，晓以大义，剖陈利害，并许以赏赐，

【司马相如琴挑卓文君】

消弭了巴蜀两地不稳的情势。汉武帝大喜,提升司马相如为中郎将。

俗话说:"饱暖思淫欲,饥寒起盗心。"司马相如虽才华出众,也不能免俗,时常周旋在脂粉堆里。

起初,卓文君睁一只眼、闭一只眼,懒得与他计较,直到司马相如意欲纳茂陵女子为妾时,卓文君才忍无可忍,作了一首《白头吟》。这使得司马相如大为不忍,想到当年的患难相随,柔情蜜意的种种好处,实在不便一意孤行,而弄到月缺花残、香消玉殒的地步。

纳妾不成,两人白头偕老,安居林泉。

小知识

卓文君是一个懂得为自己负责的人,无论是在爱情的高峰还是低谷,在得到或者失去爱情的时刻,她都很清醒,并且能坚持到底。

再婚也能当太后
——王娡的"宫心计"

西汉时期,燕王臧荼有一个孙女,名叫臧儿,嫁给槐里人王仲为妻,生了儿子王信和女儿王娡、王息姁。

王娡长大后,嫁给金王孙,生了女儿金俗。臧儿请算命的卜卦,卦词说:"你的两个女儿,都贵不可言。"臧儿认为,要想贵不可言只有一种可能,就是攀上皇家,就要求女儿王娡与金王孙离婚。金王孙不同意,臧儿就把女儿从金家强行接回,送进太子宫,献给太子刘启。

王娡为刘启生了三个女儿一个儿子。三个女儿分别是平阳公主、南宫公主和隆虑公主,儿子就是日后雄才大略的汉武帝刘彻。据说怀刘彻的时候,王娡梦见天上的太阳投入她的怀中。刘彻还没出生,汉文帝就去世了,皇太子刘启即位,即汉景帝。

俗话说女子再婚就贬值,可是看看王娡,再婚照样能取得皇帝的欢心。不仅如此,她还深谙宫廷斗争的精髓。

公元前153年,景帝刘启立栗姬生的庶长子刘荣为太子。同一天,王娡的儿子,四岁的刘彻被立为胶东王。

景帝的姐姐长公主刘嫖,此时打起了新太子的主意,为女儿阿娇向栗姬请求联姻。栗姬对长公主一再地给皇帝进献美人的行径早就看不惯了,如今母凭子贵,再也不用看长公主的脸色,便断然拒绝。而此刻,后宫美人王娡发现有机可乘,便屈意迎合、百般讨好长公主,为自己的儿子刘彻谋划夺取太子的宝座。

相传有一天,长公主将刘彻叫到身边,指着身边的女官问他:"要是让你娶她,你愿意吗?"

刘彻看了一眼女官,摇头不迭。

"那她呢?"

长公主又指向远处的侍女,刘彻还是摇头。

指了几个之后,刘彻都不愿意。

长公主将手指向正在玩耍的阿娇:"如果是她呢?"

刘彻两眼放光,点头道:"如果是阿娇姐姐,我愿意亲手筑金屋迎娶她。"

童稚的声音让长公主和他的生母王娡都笑了,长公主问王娡:"你可愿意和我做亲家?"

王娡欣喜若狂,想都没想就答应了儿子的婚事。凭她当时的地位能和长公主攀上亲事,可是莫大的荣耀。

自从与王娡订下儿女亲事后,刘嫖便时常向刘启夸奖王美人的儿子。而刘启以前曾听王娡说,她在怀孕时曾梦见日入腹中,也连带觉得儿子刘彻比较好。与之相反,刘嫖在刘启面前不停地说栗姬的坏话,说栗姬崇信邪术,日夜诅咒其他妃嫔,恐怕一旦成为皇后,吕后人彘的惨剧就会重演。

王娡也没闲着,她指使几个大臣到皇帝面前说,栗姬的儿子既然已经立为太子,就要遵从"母以子贵"的原则,封栗姬为皇后。刘启听了大怒,加上长公主之前的铺陈,他命人将进谏的大臣拖出去砍头,然后将栗姬儿子的太子封号也取消了。

一代宠姬的好运到此就结束了。

在长公主的建议下,刘启将刘彻立为太子,不久之后又以后宫不得长期无主的理由将王娡立为皇后。

小知识

《史记》和《汉书》均记载了王皇后的生平,但王皇后的名字却是出自唐代司马贞所著《史记索隐》,"金屋藏娇"的故事则出于志怪小说《汉武故事》。

皇帝的女人不好当
——"金屋藏娇"的悲情结局

不是卫子夫,不是李夫人,最初汉武帝的心里只有一个女人,那就是陈皇后阿娇。

比起刘彻后来爱过的女人,阿娇可以说是出身显贵。

她的父亲是早年随项羽打仗后来改投刘邦的陈婴后人,顶着世袭的爵位衣食无忧,而她的母亲则是汉景帝的亲姐姐馆陶长公主刘嫖。

虽然皇室中出身好的女子有很多,可是像阿娇这样生来娇贵的女子,整个汉朝也找不出几个。

不过,这么娇贵的阿娇一开始可不是打算许配给刘彻的,而是汉景帝的长子刘荣。原因很简单,汉景帝的皇后一直没有生育,按照无嫡立长的传统,栗姬所生的刘荣自然就是第一继承人,而出身显贵的阿娇早已被认定为下一任皇后。

既然刘荣被立为太子,阿娇的婚事也就这么定了。

不过话虽如此,毕竟刘荣和阿娇都还年幼,还没到谈论婚嫁的年纪。

阿娇整天和皇子们玩在一起,自然有亲有疏,加上阿娇又是窦太后一手带大,集万千宠爱于一身的她难免有些骄横之气。

有一次,不知因为什么事阿娇和刘荣吵起来了。

刘荣的母亲栗姬看着蛮横的阿娇,心里对这个准儿媳妇要多不喜欢就有多不喜欢。

没想到阿娇被栗姬这么一嫌弃却正好给了刘彻机会。

刘荣和阿娇闹翻冷战,刘彻就有了和阿娇玩闹的机会。

正巧被馆陶公主见着了,就把刘彻抱在怀中问道:"你想娶老婆吗?"

刘彻回答:"想。"

馆陶公主指着周围的女孩子让刘彻选,刘彻都摇头表示不喜欢,唯独指到阿娇时,刘彻竟连连笑着说:"若能娶到阿娇做老婆,一定要建造一座金屋给她住。"

当年小小年纪的刘彻对阿娇如此心仪必然不是虚情假意,虽然年少也许不谙情事,但也不能否定刘彻对阿娇的心意。

"金屋藏娇"一事后,馆陶公主也开始琢磨起自己女儿的终身大事。可是有刘

荣在,刘彻就当不了皇帝,阿娇也做不成皇后。

于是,馆陶公主开始计划把栗姬母子搞垮,只有刘荣倒了,刘彻才有机会坐上皇位。

毕竟馆陶公主是汉景帝的亲姐姐,加上刘彻的母亲也是个有野心的人,终于,汉景帝在亲姐姐和老婆的双重挑拨下开始嫌弃栗姬,也连同厌恶起刘荣这个儿子。

就这样没多久,刘荣被废了太子之位,刘彻继而接任。

等到汉景帝百年之后,刘彻顺利登基,也就是汉武帝,而阿娇自然就是与汉武帝比肩的皇后。

可是,在阿娇当上皇后以后,刘彻却慢慢开始疏远她了。

这时候,刘彻在姐姐平阳公主的府中看中了一名歌女,名叫卫子夫,有了卫子夫以后,刘彻更是连阿娇看都不看了。

试想以阿娇的尊贵哪里能咽得下老公被小歌女抢走的气,可是刘彻此时已经是九五之尊,阿娇却还不明白如今已不是从前有窦太后、馆陶公主、汉景帝宠护自己的日子。要阿娇看刘彻的脸色行事,她做不到。

被抢了丈夫的阿娇开始怨、开始闹,仍然拿自己的出身说事,想要压制刘彻以挽回刘彻的心。

刘彻这个强势的皇帝哪里容得下阿娇胡闹,他喜欢的是卫子夫这种乖巧娴静、能仰望自己的女人。

阿娇一次次的哭闹只将刘彻推得更远。到后来,刘彻与卫子夫日益情深,为了给卫子夫一个尊贵的名分,阿娇注定要被废黜了。

但是,阿娇毕竟不同其他女子,不能说废就废,于是,刘彻以巫蛊陷害阿娇,才算有了理由将她彻底从自己身边推开。

小知识

相传,阿娇被废以后,正逢刘彻举行登基十周年庆典,当时阿娇也请求随同到太庙参拜。当阿娇看到自己的外祖母窦太后的塑像时,陈年往事犹然在目,随着钟鼓齐鸣,阿娇悲痛地一头撞在石柱上,结束了自己的性命。

从歌女到皇后
——卫子夫为何不得善终

卫子夫出身卑微，原来只是一名歌女，后来成为一朝皇后，本身就是一个神话。不过，她人生凄凉的结局却令人唏嘘感慨。

刘彻晚年，对权力越加看重，对身边的人也越不放心，即便是一个白日梦都能引起刘彻的胡思乱想。

皇帝有心事，总会有大臣帮忙解读，而正确答案自然要看皇帝对什么受用，江充正好抓住了这点。

于是，在江充的"深入调查"后，查出了宫中有不祥之气。

为何有真龙天子在还会出现不祥呢？原来是有人在皇宫里搞巫蛊之术。

在江充的一番调查后，这巫蛊的道具竟然从太子刘据的寝宫中挖出来了。

"巫蛊之祸"发生后，整个京城凡是和皇后卫子夫以及太子刘据有关系的人几乎都被杀害了。

卫子夫的姐夫、当朝丞相公孙贺一家被诛族，卫子夫和刘彻的两个亲生女儿也因此遇难。

矛头虽然直指刘据，但身为太子母亲的卫子夫也不免受到了牵连。

这件案子前前后后杀了这么多人，可是真相反而越挖越深，即便卫子夫的宫室被挖得像菜园一样，江充也没有找出确凿的证据来。

可是人已经杀了，罪也定了，江充找不出进一步的罪证，刘据同样也证明不了自己清白，到头来，刘据还是有罪。

做了三十八年皇后的卫子夫如今被江充这般羞辱，而自己的丈夫却宁可相信江充也不愿意信任自己的老婆和儿子，她心里只有绝望。

当刘据想要向父亲申辩时，江充竟代表汉武帝一口回绝了。

面对这样的情形，卫子夫还能寄予怎样的希望？

为了避免江充继续陷害自己，也为了替被江充杀害的亲戚朋友报仇，刘据决定先除掉江充。

可是刘据刚准备动手，江充就跑到汉武帝面前告刘据造反。

汉武帝虽然不愿意相信这个消息，还是派了一个使者去长安打听真假，谁知使

者因为自己胆怯,于是毫不负责地对汉武帝说太子确实要造反了。

震惊之余,汉武帝下了一个决定:和自己的儿子决一死战。

发兵之后,卫子夫和刘据的心情跌到了谷底。

刘据对父亲彻底失望了,面对汉武帝的步步紧逼,刘据说什么也不肯坐以待毙,于是率着大军迎战武帝的精兵。

到最后,刘据还是没有斗过自己的父亲,落败的刘据此时早已从天堂跌到了地狱,无奈自缢而死。

随后,汉武帝下令收缴皇后印玺,卫子夫绝望自杀,葬于长安城外的桐柏。

小知识

卫子夫是汉武帝刘彻第二任皇后,在皇后位三十八年,谥号"思",是中国历史上第一位拥有独立谥号的皇后。

相见不如怀念
——李夫人"落叶哀蝉"临死不见

纵观历朝历代的皇帝,不难发现他们对爱情很难做到专一。即使是受宠的妃子,也会色衰爱弛;碰上运气差的,可能连皇帝的面都见不到。

作为中国历史上以强势和多情著称的汉武帝,他的爱情先后经历了"金屋藏娇"的陈皇后以及"歌舞曼妙"的卫子夫,等到他迈入中年,再次遇上爱情。这个幸运而聪明的女人就是那位日后只当了二十七天皇帝的昌邑王的母亲——李夫人。

这位李夫人被送进宫时正当花季,才色艺俱佳。

皇帝什么样的美女没见过,可是偏偏李夫人成了汉武帝的心头大爱。

按照史书的说法,李夫人不仅生得云鬓花颜、婀娜多姿,还精通音律、擅长歌舞,十足的才貌双全。

自古红颜薄命,在贫寒的家境下,李夫人早年只能在风尘场所以美色示人。

还好,李夫人有个哥哥李延年,经常帮李夫人作曲填词编舞,后来有幸进入汉宫做音律侍奉。兄妹二人都是不俗之人,李延年所作之曲,任何人听到都会感动不已。

有这样一个才华横溢的乐师在宫中,汉武帝没有理由不知道。

有一天,汉武帝把李延年招来弹琴吟曲,只听李延年唱道:

"北方有佳人,绝世而独立;

一顾倾人城,再顾倾人国;

宁不知倾城与倾国,佳人难再得。"

这首曲子唱得汉武帝心里直痒痒,李延年刚抚平琴音,他就急切地问道:"世间果真有如此美貌的佳人吗?"

这时平阳公主插嘴了:"李延年的妹妹就是这曲中的女子啊!"

于是,李夫人正式被召入宫中,没想到汉武帝竟对李夫人一见钟情。

他见李夫人体态轻盈,貌若天仙,肌肤洁白如玉,长袖作舞宛如云中仙子,便再也忘不了她了。

就这样,年轻的李夫人和中年的汉武帝走在一起。

虽然有年龄上的差距,可是汉武帝对李夫人却是打心底的宠爱。

两个人卿卿我我,这中间还发生过一段美丽的插曲:据说有一天,汉武帝与李夫人在宫中闲坐,忽然觉得头皮发痒,就顺手从李夫人"玉簪式"的发式上,取下一支玉簪搔头。

这件事传遍了后宫,妃子们都纷纷模仿李夫人的样子,把头梳成"玉簪式",在头上插着玉簪,以期望得到汉武帝的临幸。

后来,这种发式由宫中传到民间,使得长安城玉价倍增。这也正是"玉搔头"典故的由来。

大红大紫的李夫人,生的儿子封了王,娘家的兄弟一个个也因裙带关系做了大官,自己也离皇后宝座越来越近,可是就在这个节骨眼,她却生了一场重病。

在李夫人弥留之际,汉武帝亲自过来探望她,李夫人用被子蒙住头答谢说:"我长时间生病卧床,身形容貌损坏了,不能见陛下。"

【李夫人画像】

汉武帝说:"还是让我见你一面吧!"

李夫人说:"女子不修饰打扮自己的容貌,不能与君主和父亲见面。我不敢让自己以蓬头垢面的形象见陛下。"

汉武帝说:"只要你见我一面,马上赐给你千金,给予你兄弟尊贵的地位。"

李夫人说:"加官晋爵在于陛下,不在于见不见面。"

汉武帝执意要见面,李夫人便转身向别处,不再说话了。

汉武帝见状,很不高兴地走了。

汉武帝离开后,李夫人的姐妹们都埋怨她。

李夫人解释说:"凡以美色服侍人的人,容貌衰老就会失去宠爱,失去宠爱就会断绝恩情。陛下之所以如此顾念我,是因为我平时的美貌。现在看见我美貌毁坏,脸色不如往常那样,一定会厌恶嫌弃我,这样还能期望他念念不忘地照顾我的儿子和兄弟吗?"

果然不出李夫人所料,不能见爱人最后一面,激起汉武帝无限的思念。他用皇后礼安葬李夫人,命画师将她生前的形象画下来挂在甘泉宫,对儿子刘髆钟爱有加,将李延年封为都尉,还把李夫人另一个兄弟李广利提拔为大将军。

李夫人死后,汉武帝对她的思念更是痛苦得难以排解,以至于无心朝政。当时,有个名叫少翁的方士,自称能够将李夫人的灵魂招来。

汉武帝听说后,立刻将少翁招来施法。

话说那一夜,星稀月朗,少翁命人设置帷帐,点上灯烛,摆上酒肉,请汉武帝坐在另一个帷帐中。

过了一会儿,汉武帝远远地看见帐中有一个很像李夫人容貌的美丽女子,先是坐在凳子上,后又站起来慢慢走动。

汉武帝思绪难平,道:"是耶,非耶?立而望之,偏何姗姗来迟!"

一句"姗姗来迟"将李夫人形象定格,成为史上最早的"影评"。

诗罢,汉武帝又命乐人谱曲歌唱。这还不够,他又写下近两千言的长赋,抒发自己对李夫人思恋的情感。

一位嫔妃得到皇帝如此真诚的思念,在中国的历史上是极为罕见的。

小知识

汉武帝驾崩后,八岁的刘弗陵即帝位,是为汉昭帝。昭帝即位后,大将军霍光按汉武帝的旨意,上奏汉昭帝,追尊李夫人为"孝武皇后"。李夫人虽然红颜薄命,但这位死后许多年还能让汉武帝念念不忘的女人的确不寻常。

第四篇　儿女情长哀怨生——多少人败给了"爱情"

并非谁都能母凭子贵
——钩弋夫人死于"存子不留母"

汉武帝刘彻和钩弋夫人相逢还有点传奇的色彩。

钩弋夫人本姓赵,她的父亲早年因触犯法律被处以"宫刑",其母也早早去世,钩弋夫人由姨妈抚养长大。

但奇怪的是,钩弋夫人从生下来就一直握着双拳,无论你怎么用力也掰不开她的拳头。

这件事被刘彻知道后,抱着怀疑的态度找到了钩弋夫人,想要试试她的手是否真如传言那般。

可是还没等刘彻先试钩弋夫人的拳头就已经被她的美貌所迷倒了,等试着想掰开她的拳头时,奇迹就这么出现了,刘彻根本没用力,钩弋夫人的拳头就展开了。更让刘彻惊讶的是,他发现钩弋夫人的右手还紧紧握着一枚玉钩。

刘彻到民间走了一圈显示了一下真龙之威,又找到一位美人,钩弋夫人如果再不进宫就有点没道理了。

不过奇怪的是,钩弋夫人进宫后不久就怀孕了,要知道当时刘彻已经六十多岁,这老来得子的心情可想而知。更让刘彻惊喜的是,钩弋夫人足足怀胎十四个月才生了一个男孩。

刘彻同古人一对比,发现上古明君尧也是母亲怀胎十四个月诞生的,在刘彻看来,这个男孩出生就带着富贵。于是,刘彻为这小儿子取名为刘弗陵,将钩弋夫人生子之处的宫门改名为"尧母门",还进封钩弋夫人为婕妤。

后来,发生了一件事改变了刘弗陵的

【钩弋夫人画像】

179

人生。

这一年,太子刘据在京城内发动兵变,和刘彻上演了一场父子血拼,最后,刘据死了,皇后卫子夫也死了,刘彻也累了。

妻离子散的痛苦让刘彻无心继续执掌江山,他开始盘算自己的身后事,而刘弗陵成了他心里的最佳人选。

可是,刘彻立了刘弗陵为太子后又有自己的顾虑,他担心年轻的钩弋夫人会在自己死后变成另一个吕雉。先前卫子夫就是很好的例子,即使卫氏一心辅佐江山,可是在外戚势力过大之时,刘彻还是难以容忍。

不过,刘彻对钩弋夫人有防备也不无道理,钩弋夫人在有了儿子以后早已不是心思单纯的小姑娘了。

她还年轻,要为自己的今后打算,而她能够依靠的只有儿子刘弗陵。

刘彻经历了大半生风浪,钩弋夫人的心思哪里瞒得过他的眼睛,这更坚定了他不能留下钩弋夫人的想法。

终于,刘彻以"子少母壮,存子不留母"的理由用一杯毒酒赐死了钩弋夫人。

钩弋夫人做梦也没想到,自己辛辛苦苦为儿子盘算来了江山,最后自己却享受不到了。

小知识

钩弋夫人死后,刘彻命宫人将钩弋夫人的宫室封起来,并将钩弋夫人的痕迹尽数抹去。而史书上对钩弋夫人的记载也只有零星碎片。

破镜难重圆
——朱买臣覆水难收的爱情

在西汉时期,有一个读书人叫作朱买臣,他家境贫寒,常常几天揭不开锅,然而在这样的艰苦环境中,他仍然坚持读书。

读书之余,朱买臣还去上山砍柴。每天去砍柴时,他的老婆总是跟在他背后,听他大声地唱着山歌。

朱买臣的歌声无处不在,没人的山谷他唱歌,有人的市集他还是唱歌,常常引得路人侧目。

他老婆觉得这是件很丢人的事情,朱买臣说:"我五十岁的时候一定会富贵的,我现在已经四十岁了,你离过好日子的时候不远了!"

终于有一天,他的妻子忍无可忍了:"朱买臣,我要和你离婚!"

"为什么?"将视线从书堆里移开的朱买臣问,"我们不是过得好好的吗?"

"好好的?我们这样子叫好好的?"妻子大怒,拿起身边能摔的东西都狠狠往地上摔,"我们没有积蓄,没有自己的房子,甚至吃了这顿不知道下一顿在哪里。你总是说你自己会考上功名,给我荣华富贵,可是这么多年过去了,你给我什么了?除了让我出去打工赚钱,你闷头在家里看书之外,你给我什么了?!"

朱买臣试图抱住暴怒的妻子,但妻子不让他靠近,他只好离妻子远远地说:"你相信我,再给我一次机会,这次我一定会高中,给你赢得荣华富贵。"

"别说了!这种话我已经听了这么多年,我不相信了!"妻子摇头,悲伤之意表露无遗。

朱买臣隐隐约约知道她的想法,但还是想听她自己说出来:"那你想怎么做?"

"离婚。"妻子缓缓说出这两个字,朱买臣

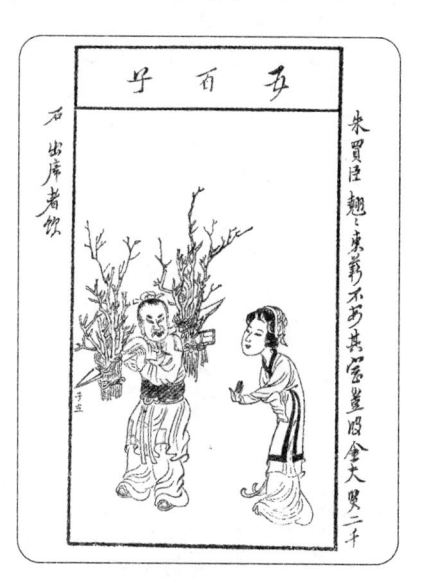

【陈洪绶所绘白描人物——《朱买臣故事》】

181

只好无奈地答应了。

　　离婚之后不久，朱买臣的妻子就改嫁了一个富人。

　　几年后，朱买臣终于在科举考试中金榜题名，被任命为太守。当他衣锦还乡之际，老百姓都围在街道两旁，看着朱买臣骑着马游街，别提多威风了。

　　这时，不断向人群挥手的朱买臣在人群中发现了前妻的身影，她变了很多，与几年前离开之际判若两人。

　　看着神气的朱买臣，他的前妻后悔万分，原来，她嫁到富人家过得并不开心。富人有三妻四妾，那些先到的女人和那些后进来但是更年轻貌美的女人都联手欺负她，她在富人家没几年就被赶出来了，独自凄凉过活。

　　看到朱买臣望向自己，那眼神里还有怜惜，她觉得夫妻情谊未断，就来到朱买臣的马前。

　　朱买臣问这个曾经最熟悉的女人："你想做什么？"

　　"我知道错了，我们再婚吧！"女人泪流满面地说。

　　朱买臣没说话，只是让手下端来一盆水，他下马亲手将这盆水泼在地上，对女人说："泼出去的水，还能收得回来吗？这就像是我们的婚姻，一旦破碎，就再也没有复原的可能了。"

　　说完，朱买臣上马离去，空留懊悔的前妻跪在原地接受众人的指指点点。

小知识

　　故事里的马前泼水情节是文学杜撰，真实的情形是：当了官的朱买臣让前妻夫妇上车，跟他一同去他的官邸，安顿他们住在自己的官邸里。住了一个月，他前妻突然上吊死了。于是，朱买臣给了她丈夫一笔钱，作为丧葬费用。

糟糠之妻不下堂
——刘询与许平君的夫妻之情

当年戾太子刘据事件后,和卫氏一族稍微沾边的人都被杀害了,只有尚在襁褓中的刘询算是逃过一劫。

流落民间的刘询是汉武帝刘彻和卫子夫的重孙,戾太子刘据的孙子,这种身份如果之前没发生巫蛊之祸一定是大富大贵,可是现在刘询只能过着小心翼翼的日子。

不过,在刘询最落难的日子里却因祸得福,碰上了自己的真爱许平君。

当时许平君不知刘询的真实身份,她的眼里只看到那位生长于市井的普通少年,而刘询眼里的许平君虽只是粗布衣裳却别样动人。

青梅竹马的爱情往往最让人动心,到了嫁娶的年纪,刘询和许平君的结合也就十分自然了。

婚后,虽然日子一如既往的清苦,可是粗茶淡饭却挡不住两人的浓情蜜意。

然而,就在刘询十九岁这年,他和许平君的平淡生活出现了改变。

当大将军霍光出现在刘询家门前时,刘询知道他平淡的生活即将结束。无论是福是祸,总之再也不能像从前那样和许平君安稳过日子了。

果然,刘询被霍光迎立为帝。

刘询登基以后,自然要立一位皇后。

这时,大将军霍光上书希望刘询将自己的女儿霍成君立为皇后。

被霍光一手拥立的刘询此时在朝堂上没有一点势力,他能依靠的只有霍光,面对霍光的请求刘询不得不考虑,何况朝中对立许平君为皇后大多持反对意见。

在大臣们看来,许平君本属平民之女,没有文化、没有才艺,哪里能胜任母仪天下的国母角色。

可是刘询不管这些,他的心里,只有那个在自己穷困潦倒之时陪伴在身边的许平君,因此,刘询不顾群臣的反对下了一道诏书:"在我贫微之时很喜欢一把古剑,现在我十分想念它,诸位爱卿有没有办法帮我把它找回来呢?"刘询故剑情深,何尝不是在讲他与许平君的爱情。

这份诏书下来以后,大臣们再也无法反对刘询立许平君为后的想法了。

183

毕竟人的心里都有温情,对于刘询的痴情,谁还能反对呢?一向善于揣摩圣意的大臣们自然都能猜出是刘询年少流落民间时曾娶的民女许平君,而一向善于讨好皇帝的大臣们为了让刘询高兴,便转而纷纷推荐许平君入主后宫。

　　但是这不是刘询和许平君浪漫爱情的收场,恰恰是悲剧的开始。

　　许平君当上皇后不久便怀上了刘询的骨肉,就在临盆之时,霍光的夫人霍显竟然买通女医官,以鸩毒杀害了许平君。

　　本以为可以同生死、共富贵的刘询看着奄奄一息的许平君,心里万分悲痛。如果可以重新来过,刘询宁愿希望许平君能健康陪在自己身边,两人粗茶淡饭就好。

　　就在许平君临死前,刘询哽咽着说要陪她一起去。

　　许平君笑了,一个女人能有如此夫君,她还有什么可遗憾的呢?她抚着刘询的脸庞轻轻地说:"你的心中有我,但还有天下。从今以后,你再也不会因为我分心了,好好地做一位仁君,大汉是你的疆土。"

　　刘询听罢泪如雨下,站起来,转身面向宫门,而后坚定地说:"好,那你在南园等我!"

　　许平君走了,被葬在南园。几十年后,南园也成了刘询的陵墓。

　　这下,两人终于能够长久相伴了。

小知识

　　女医官毒死许平君后,不久,就因有人控告其对许平君护理失职将其逮捕入狱。女医官入狱后,霍显十分害怕,就将详情告诉霍光,并对霍光说:"事情已到这种地步,就不要让法吏拷问女医官了!"霍光这才知道真相,于是上奏皇帝,请求签署对女医官免予问罪之令。

别问是劫是缘
——霍成君的命中注定

霍去病英年早逝在汉武帝心里一直都是遗憾,有了对霍去病的追念,霍光的政治生涯必然会受到照顾,何况霍光本身骨子里也有哥哥霍去病的英气。

刘询被霍光从民间的砖瓦房里接出来就能登基做皇帝,足以说明霍光在当时的地位。那么霍光的独生女霍成君的命运自然就无法由自己做主。

皇帝和权臣政治联姻是自古传下来的默契,霍成君如果不嫁给刘询简直就没有道理。

可是,皇帝的婚姻大事有时候还真有你情我愿的例外,什么政治使然在真爱面前根本毫无分量,更遑论像刘询这样见过大风大浪的人。

所以,当霍光提议把自己的掌上明珠嫁给刘询当皇后时,在朝堂上毫无根基的刘询竟然放弃了拉拢权臣的最佳机会,而是说出一段"故剑情深"的故事把霍光的请求给驳回去了。

刘询并不是不懂为君之道,也不是不在乎江山社稷,只是他心里有比这些更重要的,就是曾与他共患难的发妻许平君。

然而,这个天底下最幸运的许平君虽然当上了皇后,但是她并没有和刘询白头偕老。

公元前71年,适逢许平君临盆,霍成君的母亲霍显再也按捺不住对许平君的憎恶了,她无法看着许平君的地位越来越稳固,她一定要让自己的女儿名正言顺地嫁给刘询成为受人敬仰的皇后。

于是,霍显买通了宫中女医趁着许平君分娩之时将其毒杀。

许平君死后,霍成君的机会也就到了。

这时候,刘询无论如何也不能再次拒绝霍成君了,霍成君当上皇后已成了注定之事。

霍成君这个皇后其实当得也很纠结,一方面她是权贵之女根本没拿许平君当一回事,另一方面许平君往日的行为都是刘询所深深留恋的,所以霍成君不得不去模仿。既然许平君生前倡导节俭,又经常侍奉太后,那么霍成君也要如此效仿。等到时间渐久,随着岁月冲淡了刘询对许平君的思念,霍成君终于可以慢慢走进刘询的心里了。懂得建立人际关系的霍成君一旦有了自己的空间,她的才华就遮掩不住了,而随着刘询对她的宠爱日益加深,霍成君在朝廷内外的地位也越来越稳固。

然而,有其母必有其女,既然当年霍显敢为了女儿毒害皇后许平君,没有生育的霍成君就敢为了保住皇后的地位毒害太子刘奭。

刘询做梦也想不到,自己深爱的许平君以及许平君付出生命代价所生的儿子刘奭竟然也成了霍氏母女残害的对象。

于是,霍成君在母亲的教唆下在刘奭的食物里下毒,可是刘询对刘奭何等爱护,有当年许平君惨死的教训,刘询自然日夜关照刘奭的安危,所以霍成君根本找不到机会毒害刘奭。

对霍成君和她母亲的所作所为刘询并不是一无所知,之所以忍耐无非是寻找一个机会能够一举铲除杀妻害儿的霍氏母女。

终于,公元前 66 年,刘询做好了全部准备,霍显的所作所为再也瞒不住了,至于霍成君的下场,虽然没有被赐死,可是这费尽心思得来的皇后之位肯定保不住了。

被废以后,霍成君被迁往上林苑的昭台宫居住,在这一场注定失败的皇后路上,霍成君输掉了感情,也输掉了荣华。

小知识

公元前 54 年,刘询再度下令将霍成君迁往云林馆居住,霍成君自杀而死,死后葬于蓝田县昆吾亭东部。

红颜祸水
——赵氏姐妹误国

年少时的刘骜一表人才,擅读经书,尤其为人谨慎守礼。

某一日,其父元帝召其见面,他没有走皇帝所用的驰道,而是绕路前去拜见。元帝听闻甚是欣喜,此后便允许他走驰道。

然而,刘骜渐渐迷恋酒色,日夜笙歌,自登上王位之后荒淫更甚,王氏外戚渐渐把持朝政,太后王政君的侄子王莽更是暗自发力,并在日后篡夺了刘氏江山。

当然,这都是后面的事了。

赵飞燕自幼学习歌舞,身段柔美多姿,因其舞姿轻盈优雅,世人忘却其名直呼"飞燕"。

她在阳阿公主府中被刘骜看上,召入宫中。

自此,刘骜将其带在身边形影不离。

有一次,南越国向刘骜进贡了一件云芙紫裙,赵飞燕穿上以后显得十分妩媚动人,仿佛仙子般灵巧。

于是,刘骜便在汉宫的太液池里专为赵飞燕造了一艘船舫,专供赵飞燕在高榭之上轻歌曼舞。刘骜情之所至,还会随赵飞燕共舞。两人日日在此饮酒作乐,时时忘情。

刘骜对赵飞燕的迷恋日益加深。为了能够随时欣赏赵飞燕的舞蹈,刘骜开始大兴土木,特地从西域请来设计师为赵飞燕打造一座金碧辉煌的艺术宫殿,取名为"七宝避风台"。

刘骜也好,赵飞燕也好,才子佳人本来应该是一段佳话,可是却偏偏留下了酒色误国的臭名。

其实,在赵飞燕之前,刘骜已经有过一位情比金坚的老婆了,就是著名的班婕妤。

这个才华品性俱佳的女子也曾和刘骜有过一段动人的浪漫爱情故事。可是后来皇宫中来了那位号称可以在掌上作舞的赵飞燕。

此后,刘骜不再宠爱班婕妤,也不再处理朝政,在他的眼中,只能看得到赵飞燕。

赵飞燕为了讨好刘骜,把自己的妹妹——姿色更美的赵合德也送入宫中。

赵合德不及飞燕体态纤瘦,但丰腴之姿韵味十足,让刘骜得到了补偿般的快慰。

渐渐地,赵合德成了皇帝的新宠,她给予刘骜如梦似幻的享受,刘骜曾经如是说:"宁愿醉死温柔乡,不慕武帝白云乡。"

赵氏姐妹在后宫如鱼得水只手遮天,却始终被一件大事困扰:她们无法怀孕。在钩心斗角的宫中,没有皇帝子嗣便随时有被打入冷宫的危机。赵氏姐妹于是心想,自己无法怀孕,那些嫔妃也不能怀有龙种!她们便仗着受皇帝宠爱,在宫中掀起了腥风血雨的"啄子"风波,那些怀有身孕的嫔妃都被迫害,皇子也被抛出宫外。许美人生了皇子被皇帝看见,赵氏姐妹便哭闹,竟逼迫刘骜将母子二人赐死。

刘骜色迷心窍,全然不顾江山与后代,他死后只能让其侄子继承王位。不爱江山爱美人,可悲可叹。

刘骜,这风流成性的皇帝,也为自己的风流付出了江山和生命的代价。

第五篇
政治角逐，唯不缺"权谋"
——汉朝历史名人的厉害手段

能用女人解决的问题就不是问题
——大汉皇室的"和亲"政策

冬夜,空气冷得凝出片片白霜,皎洁的月光照在铺满白色积雪的大地上,更显出天地间的清冷。

沐浴在月光中的白登山一片死寂,此时山上的一支军队正处于生死抉择中,而他们的首领,正是赫赫有名的汉高祖刘邦。

"怨朕啊!要是早先听从娄敬的劝告,也就不会出现今日局面了!"刘邦叹了口气,灰暗的目光望向不知名的远方。

"大王不必自责,一切皆有天命,我们还是想办法突围才是。"谋士陈平故作轻松地劝着刘邦,实则他也饿了好几天,说话的声音都有点发颤。

忽然间,山下传来匈奴士兵的狂笑声,刘邦的军队顿时慌乱起来,大家都以为匈奴这时候发动了进攻,想迅速组成防御队形,却又发现自己手脚发软,别说是反抗了,连走路都有困难。

陈平道:"陛下不必太过担心,微臣倒有一个方法使匈奴退兵,不知可不可行。"

刘邦已经被困了七天七夜,早就接近崩溃的边缘,这时候一听有突围希望,宛如捞到一根救命稻草,赶紧问陈平:"什么方法?"

原来,陈平在昨日巡视的时候,发现冒顿单于的身边有一位容貌绝佳的阏氏,看得出来,单于对自己的夫人十分喜爱,否则不会带着阏氏视察军队。

陈平便想收买阏氏,让阏氏对冒顿单于吹枕边风。

于是,汉军被围困的第八天,一名汉朝的信使偷偷面见阏氏,并送给对方许多珠宝首饰和名贵字画。

其中的一幅画的是一个闭月羞花的美女,信使装作很神秘的样子,小声对阏氏说:"这幅画出自我们汉朝的一位书画名家之手,画中的女子是我朝的一位美女,你们单于之所以要攻打我们汉朝,全是因为要得到这位美女。"

阏氏信以为真,立刻心烦意乱,既嫉妒中原美女的花容月貌,又害怕丧失单于对自己的宠爱,便下定决心要说服单于撤军。

当天晚上,阏氏对冒顿单于格外温柔,她又是唱歌又是跳舞,哄得单于非常开心。

第五篇　政治角逐，唯不缺"权谋"——汉朝历史名人的厉害手段

单于拍着大腿叹气道："今天本来比较烦心，还好有你在啊！"

阏氏不解，倒在单于怀里撒娇，问道："到底是什么烦心事啊！"

单于撇撇嘴，说："汉朝的援军马上要到白登山了，如果我无法及时俘获汉朝皇帝，这场战争就没有胜算了。"

阏氏觉得劝单于退兵的机会来了，就赶紧说："大王，你花那么多精力打汉朝有什么用呢？我们世代逐水草而居，汉地全是田地，哪有水草可以畜牧啊！既然这场战争没有好处，又要折损我们的将士，大王你为何还要继续呢？"

冒顿单于觉得阏氏的话有道理，他并没有吞并汉朝的野心，便决定结束在白登山的进攻。

第二天清晨，天降大雾，单于故意让士兵露出破绽，于是疲惫不堪的刘邦得以突破重围，一路跌跌撞撞地捡回了一条性命。

经此一战，刘邦意识到匈奴之强大，就接受了娄敬提出的"和亲政策"：找一个宗室的女儿嫁到匈奴，缓和双方的关系。

【美女王昭君】

后来，到了汉元帝时期，匈奴呼韩邪单于向汉皇室提出和亲的要求，这就引出了著名的中国四大美女之一的"王昭君"出塞事件。

王昭君，名嫱字昭君，出生在长江三峡的南郡秭归（今湖北兴山县），在汉建昭元年被选入宫。

她来到匈奴，和呼韩邪单于非常恩爱，被封为"宁胡阏氏"，王昭君还为呼韩邪单于生下一子，取名伊督智牙师，被封为右日逐王。

婚后的第三年（公元前31年）呼韩邪单于去世，呼韩邪单于长子雕陶莫皋继承单于的位置。按照当地习俗，王昭君成了雕陶莫皋的妻子。年轻的单于对王昭君更加怜爱，夫妻生活十分甜蜜，接连生下两个女儿，长女叫云，次女叫当，后来都嫁给了匈奴的贵族。

王昭君再婚生活过了十一年，雕陶莫皋去世。那年是汉成帝鸿嘉元年，王昭君已经三十三岁，正是绚烂的盛年，此后，她全心参与政治活动，对于匈奴与汉室王朝的友好做出重大的贡献。

191

在国内，因为王昭君出塞的功劳，她的兄弟被朝廷封为侯爵，多次奉命出使匈奴与王昭君见面。王昭君的两个女儿还曾到长安皇宫侍候过太皇太后，这位太皇太后即是汉元帝的皇后王政君。

　　到了王莽改政时期，匈奴因"非刘氏子孙、何以为中国皇帝"为名再次挑起了战乱。

　　王昭君亲眼看着自己创造的和平岁月毁于一旦，无奈地在绝望中去世，葬在大黑河南岸，故址在今内蒙古呼和浩特市旧城南九公里处的大黑河畔。据说，每到入秋以后，塞外草色枯黄，只有王昭君墓上草色青绿，所以人们称之为"青冢"。

小知识

　　王昭君的历史功绩，不仅仅是她主动出塞和亲，更主要的是她的努力使汉朝与匈奴和好，让北国边塞的烽火熄灭了五十年之久。后人评价王昭君的功劳可以和霍去病相媲美，并不为过。

眼界决定命运
——乌孙国投靠谁？

公元前139年，汉武帝张骞出使西域的大月氏，打算与大月氏人联合夹击匈奴，但是无功而返。接下来汉武帝展开反击匈奴的战争，汉军节节胜利。

公元前119年，张骞向汉武帝提议联合强大的乌孙国，以此切断匈奴右臂。三年后，张骞奉汉武帝之命向乌孙国王建议让他们返回敦煌祁连山故土，以便与汉朝联合对付匈奴，这样对双方都有好处。

当时的乌孙国正处于国家分裂的状态，而且大臣不了解汉朝的情况，又畏惧匈奴强盛的国力，因此，最后的结果是，乌孙不可能迁回故地祁连山。

不过，出于礼节，乌孙国国王派数十名使节跟随张骞来到当时的长安。

令乌孙国王想不到的是，他的使节看到西汉国势强盛，回去马上建议他考虑与大汉结成战略同盟。而匈奴单于得到乌孙准备与汉朝建立联系的消息以后，马上派兵企图攻打乌孙国。

乌孙国国王迫于当时的形势答应与汉朝联姻，结为昆弟，寻求支持。

公元前108年，汉武帝下诏让宗室刘建的女儿细君公主下嫁乌孙国王。匈奴单于得知乌孙与西汉联姻的消息后，马上也派一名本族女子来到乌孙国请求和国王成婚，而乌孙国王也马上封匈奴女子为左夫人。

乌孙国王同时与汉、匈奴两个国家联姻，表明他在跟汉建立外交关系的同时，并没有与匈奴分道扬镳。

不久，乌孙国王逝世，皇太子即位，细君公主随后在公元前105年也驾鹤西去。

为了维持和乌孙国的姻亲关系，汉武帝马上把楚王的女儿解忧公主嫁给乌孙国新任国王。令人想不到的是，新任的乌孙国王也死了，解忧公主只好嫁给继任的乌孙国王。

不过，值得庆幸的是，这位解忧公主不负众望，比细君公主活得长久，使汉朝对乌孙的影响力也随之日益增加。

汉昭帝末年，乌孙国遭到匈奴和车师两国联军的攻击，身为乌孙国皇后的解忧公主上书西汉朝廷请求出兵解救乌孙国。

然而令人想不到的是，汉昭帝就在这个节骨眼上驾崩了。继位的汉宣帝得到解忧公主的书信后,马上命田广明等五名将军率领十五万骑兵与乌孙国军队两路夹击匈奴。

公元前71年,乌孙国王亲自带领五万骑兵自西进攻匈奴,大获全胜。自此以后,匈奴开始由盛转衰,其影响力也逐渐退出西域地界,而乌孙国也因此成了西域最强大的国家。

公元前64年,乌孙国王上书汉室皇廷"愿以汉外孙元贵靡(解忧公主之子)为嗣,得令复尚汉公主,结婚重亲,叛绝匈奴",汉宣帝点头同意。至此,乌孙国与西汉的联盟正式被确立。

就这样,西汉取代匈奴在西域的影响力,并设西域都护府,行政长官负责管理西域事务,乌孙国的一举一动都在西汉西域都护府的监视之下。

公元前60年,乌孙国王去世,乌孙国的贵族拥立了具有匈奴血统的泥靡继承王位,西汉朝廷对此强烈不满,随后与乌孙国的联姻中止。

因为西汉不再需要联合乌孙共同对抗匈奴,所以解忧公主的任务是为汉控制乌孙。

新立国王既不符合西汉朝廷的意思,又因残暴失去乌孙国国人的支持,遭到解忧公主与汉使者魏如意及任昌的合谋刺杀。

这是西汉干涉乌孙内政的开始,最后并引起了乌孙国的内乱。

从此以后,西汉不断通过各种手段增加在乌孙国的影响力,最终让乌孙国成为汉朝的附属国。

小知识

弱国无外交,这是世界上国家之间交往的规律。乌孙在汉和匈奴之间妄图左右逢源是不可能的,最后的结果只能依附于强大的大汉王朝。

权力面前少不了猜忌
——皇帝没有永远的朋友

提起汉高祖刘邦，几乎没有人不知道。对于这位出身亭长，最后却能开创大汉王朝四百年基业的人，人人都能说出他的一大串故事来。

萧何与韩信、张良并列为"汉初三杰"，对于刘邦而言，三个人中他最信任的莫过于萧何。

然而，在权力面前，皇帝从来就没有永远的朋友。

不得不说，萧何是一个非常善于与刘邦相处的人。

最初，他向刘邦推荐了一位善于用兵打仗的将军，这位将军就是他月下追来的韩信。韩信果然不负众望，为汉朝建立立下了汗马功劳。后来，有人向刘邦的妻子吕后告发韩信谋反。萧何便向吕后献计，以庆贺平叛的名义把韩信骗进宫中，将他杀害于长乐宫钟室。

为此，刘邦拜萧何为相国，并派出五百名士兵做他的侍卫。

萧何被封为相国后，许多大臣前来祝贺，只有召平对萧何说："相国，我看您是大祸临头了。皇上常年在外征战，独留相国在京城，您并没有为大汉江山做出特殊的功绩，皇上为何封您为相国，又为您设置侍卫呢？这是因为韩信谋反的事件，已经牵连到您，皇上已经对您起了疑心，是在防范您。如今，唯一的办法是您把私人财产拿出来全部捐给军队，这样皇上就会消除对您的怀疑了。"萧何一想，觉得召平这个建议非常有道理，就这样做了。事后，刘邦果然消除了对萧何的怀疑，并且非常高兴。

不久，大将英布反叛，刘邦亲自率军征讨。

留在京城的萧何，总是兢兢业业，勤于国事，安定民心，不断地向前方输送粮食。萧何做得越好，刘邦越不安心，他那好猜忌的老毛病又犯了，经常派人来询问萧何的情况。

有一天，萧何的一个门客对他说："相国，您离满门抄斩已经不远了。"萧何一听，非常震惊："你在说什么？"门客一脸严肃，继续说道："您位列群臣第一，除了皇上，没有再比您更高的了，而且这十几年来，百姓非常拥护您，这是人人皆知的事情。现在您又如此为民办事，更加深得民心，皇上能不怀疑您吗？如今只有一个办

【"初汉三杰"画像】

法,那就是您以相国的名义,故意对老百姓做一些强买强卖的事情,让老百姓恨您,这样或许能够躲避灾难。"萧何觉得有道理,于是就故意做了一些以权势欺压老百姓的事情。老百姓非常失望,民间开始流传关于萧何的一些坏话。

刘邦的手下及时向他汇报了这一情况,刘邦不仅没有发怒,反而高兴了起来。在平定叛乱回朝的路上,很多老百姓拦住刘邦的车驾,状告萧何凭借权势,靠强夺、变卖人民田宅,获得了千万钱财。刘邦心里暗暗高兴,等见到萧何后,并没有深究,只是说:"你堂堂一个相国,竟然和老百姓争利,你就是这样'利民'的吗?还是自己去向百姓谢罪吧!"刘邦虽然表面上生气,让萧何向老百姓道歉并补偿钱财,但是内心窃喜不已,从此消除了对萧何的怀疑。

小知识

中国古语说"飞鸟尽良弓藏,狡兔死走狗烹",说的就是这个道理。当刘邦需要用人之际,就低三下四地拉拢有才能的人,可是当刘邦坐上皇帝宝座之后,马上就开始担心这些人会不会造反了。有了平定天下的共同利益,刘邦就能将这些有能力的人聚在一起,当天下平定之后,就又想办法诛杀他们。

第五篇 政治角逐，唯不缺"权谋"——汉朝历史名人的厉害手段

新仇旧怨难平息
——汉朝时代，匈奴何以猖獗？

《史记》记载，匈奴人的先祖是夏王朝的遗民，他们西迁过程中融合了月氏、楼兰、乌孙、呼揭等二十六国的白种人，逐渐形成一个独特的民族。

在匈奴建国之前，东北亚草原地区有很多大小不同的氏族部落，他们相互割据。

后来，匈奴民族就以匈奴部落联盟为基础，在东北亚地区慢慢征服了其他部落以及一些小国，逐渐建立了自己的国家。

从西周开始，边境区域的少数民族王国开始对中原王朝构成威胁，发生历史上著名的周幽王烽火戏诸侯、犬戎部落攻陷镐京、周平王东迁、赵武灵王胡服骑射等故事，都跟与少数民族的战争有关系。

边境的小国为了生存，就逐渐依附到匈奴国周围，这样一来，匈奴国的实力就增大了，对中原大国开始虎视眈眈。

战国末期，赵王曾经派遣大将李牧带兵大败匈奴。

公元前215年，秦始皇为了打破"亡秦者胡也"的预言，派大将蒙恬带领三十万兵马向北打击匈奴，夺回河套地区并重设九原郡。

后来，匈奴国冒顿单于继位，这位野心勃勃的国王就迈开对外扩张的步伐。

匈奴国大败东胡王、吞并楼烦国和白羊河南王（匈奴别部，居河套以南），向中原地界进攻，占领了蒙恬收复的河套地区、肤施（今陕西榆林东南）等郡县。

随着地盘的不断扩张，匈奴国的实力也在不断增强，他们开始往西攻击大月氏国。匈奴打败大月氏国并杀死了他们的国王，大月氏被迫向西域迁徙。

北方及西北一带的丁零、浑庾、屈射、鬲昆、薪犁等部族迫于匈奴的淫威，只能先后臣服于匈奴，听从匈奴单于的号令。

然而，匈奴依然没有满足日益膨胀的扩张野心，他们开始对汉朝的燕、代等地区开始了侵略。

公元前201年，汉朝臣子韩王信被迫投降匈奴。

第二年，不甘于忍气吞声的汉高祖刘邦亲率三十二万大军向北讨伐匈奴，但是，他们随后在白登（今山西大同东北）陷入匈奴冒顿单于四十余万骑兵的围困。

197

名震华夏青史的一代雄主汉高祖刘邦在那里被困了达七昼夜之久,后来用计谋才得以逃脱。

通过这次的出兵,刘邦领略了匈奴的厉害,回去后就采纳了娄敬的建议,开始对匈奴实行"和亲政策",搜寻汉室宗亲的女子嫁给匈奴单于,并赠送一定数量的财物以及开放关市准许双方人民交易。

然而,匈奴依然不满足,还是不断出兵侵扰汉朝的边界。

到汉武帝时期,西汉历经近七十年的休养生息,经济、国力大大增强,雄才大略的汉武帝过够了忍气吞声的日子,对匈奴的战略也从防御转为进攻。

他先后对匈奴发动了三次大战:河南之战(也称漠南之战)、河西之战、漠北之战。

公元前127年,汉武帝派卫青收复河南地区;公元前121年,汉武帝派霍去病夺取河西走廊,受降匈奴右部十万人,设四郡;公元前119年,卫青、霍去病率五万骑兵分两路出击,卫青击溃单于,霍去病追歼左贤王七万余人,封狼居胥,两军共歼灭匈奴军九万余人,使其一时无力南下。

在一系列的打击下,匈奴也感觉到大汉王朝的威力,开始和汉朝缓和外交关系,后来的王昭君出塞就是双方友好的见证。

小知识

匈奴民族的发展在某种程度上影响了当时的中国和欧亚大陆的历史进程,这在中国很多历史书籍都有记载。正是因为如此,汉族才"取长补短"得以更好地发展。我们今天的中华民族大融合,也是在各个民族相互尊重、相互学习的基础上建立起来的。

"事不过三"是定律
——质子，是个成功又失败的外交手段

"质子"就是一国之君将自己的儿子抵押给其他国家作为人质，比如，秦始皇的父亲就做过人质。

这种外交手段起源于春秋战国时期诸侯之间的"纳质为押"，发展到两汉时期基本上成了一种外交制度。

大汉王朝为了跟周边少数民族国家建立藩属关系，就索取人质。

能作为质子的人选大多是少数民族首领或部落酋长的儿子或兄弟、王室成员或权贵。

两汉时期，"入侍为质"和"纳质为臣"的现象十分普遍，质子制度就成为两汉处理民族关系的重要手段之一。

不过，质子作为外交手段，也暴露了很多弊端，最著名的就是汉朝和楼兰国的"质子"事件了。

西汉时期，楼兰国迫于形势和汉室和好，可是正与汉朝敌对的匈奴知道后就对楼兰不满了。

楼兰国王没有办法，只好派了一个儿子到匈奴那里作为人质，然后再派另一个儿子到汉朝作为人质。

后来，汉武帝命令一名将军带领部队进击大宛国，而向来和汉朝势不两立的匈奴就想在半路截击汉军，但又害怕汉军兵力强盛到头来自己吃亏。

匈奴单于想来想去，就派人到楼兰国请求帮助。

世上没有不透风的墙，楼兰和匈奴想联合截击汉军的消息传到汉武帝耳朵里，汉武帝非常生气，就命令一支轻骑兵部队从小路袭击楼兰国，逮捕了楼兰国王并押到了长安。

楼兰国王为自己辩解说："我们楼兰国很小，国力有限，只能夹在大汉和匈奴两个大国之间求生存，不采取讨好两边的做法就无法得到安全。我希望让我国迁到汉朝境内居住，这样我们楼兰国就和大汉一条心了。"

汉武帝认为他的话很有道理，就送他回到了自己的国家。

这个消息传到匈奴后，匈奴的单于又对楼兰不满了。

后来，楼兰国王去世，楼兰国人来请在汉朝的人质回国，准备立他为王。

可是，在长安的楼兰国人质犯了汉朝的国法，被判处了宫刑，不能回国做君王了。

汉室朝廷就答复楼兰使者说："贵国的人质很受皇帝的喜爱，不能送他回国了。你们要不想办法另选别人当国王？"楼兰国没有办法，只好另立了国王，可是此刻汉朝又要新任的楼兰国王送人质。

新任的楼兰国王没有办法，只好再派两个人质分别到汉朝和匈奴。

可是意外的事情发生了，这个新任楼兰国王没过多久就去世了，匈奴首先得到消息，就把自己国内的楼兰国人质送回去做了国君。

汉武帝了解情况后，就派使者命令新楼兰国王到长安来朝见自己，说要给他厚赏。楼兰国王的皇后就是他自己原来的继母，她给自己的新任丈夫出主意说："当初先王派了两个人质去汉朝的长安，最后都没有回来。你为什么还要去朝见汉朝皇帝？"楼兰国王这才醒悟过来，听从了她的计谋，就向汉朝的使臣说："我才立为国王，国内不安定，等到后年再到长安去朝拜天子陛下。"

这样一来，汉朝就和楼兰国出现了矛盾。

后来，随着形势的发展，楼兰国彻底倒向了匈奴那一边，成为匈奴的附庸国。

从那时起，楼兰人就开始协助匈奴不断袭击汉朝的客商和外交人员，让汉朝和西域的往来受到很大的影响。

小知识

中国俗语说"事不过三"，从楼兰和汉朝的关系可以看出来，人质有助于两国间的友好交往，但处理不好也会影响两国的关系。

道高一尺"魔"高一丈
——罽宾国"骗"大汉

罽宾国是汉朝时期西域地区的一个国家,不在西域都护府的管辖范围内。

这个国家向东距离汉朝的长安大约有六千公里,东北距离西域都护府大约三千四百公里,西北和大月氏国是邻国。

汉朝在汉武帝时期才开始与罽宾国交往。当时,罽宾国的国君认为和地处中原的大汉王朝相距非常遥远,大汉的兵马杀到这里不容易,就没有把汉朝放在心上。

因为这个原因,罽宾国的国王乌头劳曾经几次派人劫杀汉朝出使西域的外交人员,让大汉朝廷头疼不已。汉武帝除了加派兵士保护之外,想不出更好的办法来对付罽宾国。

后来,罽宾国国王乌头劳去世后,他的儿子继承王位改变了对大汉王朝的态度,派遣使者带了不少礼物拜见汉朝皇帝,以示友好。

汉朝也特意派关都尉文忠一路护送罽宾国的使者回国,想和罽宾国修好外交关系,礼尚往来。

但令人想不到的是,当关都尉文忠到达罽宾国的时候,此时的罽宾国忽然间改变了对汉朝的态度,竟然想杀害他。

机警的关都尉文忠感觉到了形势的严重性,就与罽宾国的王子阴末赴一起商议,杀死当时的国王,然后让阴末赴做了罽宾国的国君,并授给阴末赴国君的印绶。

这样一来,罽宾国国王阴末赴就和汉朝的关都尉文忠成了莫逆之交,罽宾国也和汉朝改善了外交关系。

可是,后来汉朝军候赵德奉命出使罽宾国,没有处理好和阴末赴的关系,愤懑的罽宾国王阴末赴逮捕了赵德,杀死副使以下七十余人,又派遣使者上书给汉朝皇帝认罪。

汉元帝认为罽宾国距离太远,不接受来使,就将阴末赴派来的使者阻止在一个叫县度的地方,没有让他到长安。

到了汉成帝时期,罽宾国再次派遣使者到长安向汉朝皇帝献礼并认罪,大汉朝廷想修好和罽宾国的外交关系,便派遣使者护送罽宾国使者回去。

当时，杜钦是汉朝的大将军王凤的谋士，他就向大将军王凤建议说："此前的罽宾王阴末赴本来是汉朝帮助他做的国君，可是后来他还是背叛了汉朝，还杀死了我大汉的使者。罽宾国王之所以胆大妄为，就是认为汉朝距离他们非常远，兵马杀不过去。当罽宾国有求于汉朝的时候就低声下气地向我们说好话，无求于汉朝就对我们翻脸不认人。这样的国家永远不可能成为汉朝的友邦。当下，罽宾国使者中没有国王的亲属贵人，都是一些商贾贱民，他们就是想以向皇帝献礼为名来做买卖。所以我们朝廷派使者护送他们回到县度，恐怕是白白受骗。现在使者已经接受了皇帝的派遣，那就可以送罽宾国使者到皮山就回来。"

杜钦将事情的来龙去脉分析得非常透彻，王凤觉得有道理就报告了王太后，接受了杜钦的建议。

当时，罽宾国派使者到长安的目的确实是贪图汉朝皇帝的赏赐和做买卖，所以他们的使者每隔几年就派来一批。

小知识

我们通过杜钦对罽宾国来使事件的分析，可以看出他分析事情的独到之处。除了渊博的知识之外，还能及时了解事情的来龙去脉，进而看出罽宾国的真实目的，减少了国家不必要的损失。

202

该出手时就要出手
——大宛国曾经"不知好歹"

大宛国是由张骞第一次出使西域时发现的。

当初,张骞奉汉武帝之命出使西域,目的是想联合大月氏共同对付匈奴,不料在半路被匈奴扣留了十多年。

张骞寻找机会逃脱之后,开始向西跑,不久就到达了大宛国。

大宛国早就听说过东方的汉朝,钱财物产丰富,想与汉朝友好交往,但一直没有机会。如今见到张骞,大宛国王非常高兴,便问张骞到这里的目的,张骞说明自己的使命,随后希望大宛国能够帮助自己。

大宛国国王很信任张骞,就派了向导和翻译,跟随张骞出发。

就这样,张骞在大宛国的帮助下终于来到大月氏国。这是汉朝和大宛国的首次交往。

回到长安后,张骞就向汉武帝报告了大宛国的情况,汉武帝也觉得大宛国很厚道。

从那时起,汉朝使者出使西域的就渐渐多了起来。

那时,出使到西域的人回到长安后就会把自己熟悉的情况向天子汇报。曾经去大宛国的人汇报说:"大宛国有个贰师城,那里有很多好马。不过,大宛国把这些良马藏起来,不肯送给汉朝使者。"结果,汉武帝非常想得到大宛国的好马。于是,他派遣壮士车令等拿着很多财宝和金马,去向大宛王请求交换贰师城的好马。

当时,和汉朝有交往的大宛国已经有很多汉朝的东西,大宛国王与大臣经过商议,认为贰师的马是大宛的宝马,不能随便送人。况且,汉朝距离大宛国很远,要经过盐泽来大宛国很困难,从北边来又有匈奴侵扰,从南边来又缺少水草,这种情况下汉朝不会出兵到大宛国找麻烦。

汉朝使者感觉自己是热脸贴了大宛国的冷屁股,被拒绝后当即怒火冲天,马上扬言要砸碎金马离去。大宛国贵族官员听说后也很生气,认为汉朝使者没有将大宛国放在眼里,就命令汉朝使者离开,还私下指使东边的西域某国杀死了汉朝使者,抢去他们的财物。

汉室朝廷得到消息后大为震惊,马上商议对策。

曾出使大宛的人向汉武帝提议大宛兵弱，如果能率领三千汉朝的大军，就可以完全俘获他们的军队，彻底打败大宛国。

汉武帝听完后，决定出兵讨伐大宛国，就任命李广利为贰师将军，调发属国的六千骑兵，以及各郡国的几万人马，前去讨伐大宛国。

但是，这次军事行动没有预想的那样顺利，军队除了路途艰难受到损失外，还遭遇了匈奴人的袭击，最后没有达到预定的军事目标便撤回到玉门关。

汉朝的公卿和议事的官员都希望停止打大宛的军事行动，集中力量攻打最大的敌人匈奴。

汉武帝觉得已经下达了讨伐大宛国的命令，如果连这样的小国都拿不下，那么西域各国就会轻视汉朝。被外国人嘲笑不说，更得不到大宛国的良马。汉室朝廷研究再三，决定调发全国七种犯罪之人，载运干粮供应贰师将军李广利。

于是，贰师将军后来又一次西征，这次带领的兵士很多，所到小国没有不迎接的，都拿出国内食物供应汉朝军队。

终于，汉朝大军兵临大宛国。大宛国只得调集人马迎击汉军。但汉军用射箭的办法很快打败了大宛国的军队，并包围了大宛国的都城，断绝他们的水源。

攻打四十多天之后，大宛国都城外城被汉军击破，俘虏了大宛国的不少贵族。

大宛人非常恐惧，经过商议后就联合起来杀死了国王，然后向汉军请求休兵，并答应李广利将军把大宛国的良马全部交出来，任凭大汉皇室的人挑选。

李广利见自己的目的已经达到，就答应了大宛国的请求。

就这样，汉军选取了大宛国的几十匹良马以及中等以下的公马与母马三千多匹，又立了大宛贵族中从前对待汉使很好的名叫昧蔡的人为大宛王，与他订立盟约后班师回朝。

杀鸡就是为了儆猴
——震慑的魔力

西汉时期,河东太守田延年巡视大将军霍光的家乡平阳时,把过去的官员召集起来,大约有五六十人。

田延年亲自接见这些人,下令习文的官员站在东面,习武的官员站在西面。

几十人都按照命令站好后依次拜见田延年。

令人想不到的是,轮到尹翁归的时候,尹翁归伏在地上不起来,他对田延年说:"翁归文武兼备,任凭大人您吩咐。"

田延年的随从人员认为这个官吏没有规矩,要处理他。

田延年说:"不要这样,我和他谈谈。"

于是,田延年就把尹翁归召上前来仔细问话,对他的见解非常惊奇,决定补任尹翁归为卒史,并带回了自己的府中。

经过一段时间任用后,田延年很快地发现尹翁归是个难得的人才。

尹翁归处理日常案件,揭发官僚的奸邪,都能做到一查到底,最后让案件水落石出。

为此,田延年非常看重尹翁归,感觉自己的才能比不上他,就提拔尹翁归担任督邮一职,负责检举官员。

尹翁归上任后依法行事,被检举的人都是罪有应得,属县的长官犯错后尽管受到了尹翁归的处理,却从来没有人怨恨他。

后来,尹翁归因为清廉被举荐为缑氏县尉,升职后又在郡中任官。

田延年看到尹翁归任职的地方都得到妥善治理,就迁升尹翁归补任为都内令,通过举廉升任弘农都尉。接下来,田延年又奏请皇上任命尹翁归为东海太守。

东海地区郯县有个大土豪叫许仲孙,奸邪狡猾,破坏吏治,周围的人们深受其害。官员每次要逮捕许仲孙的时候,这个家伙都依靠势力,使用奸诈伎俩自我解脱,始终没有受到官府的制裁。

尹翁归到任后,立刻派人逮捕了许仲孙,随后在街市上将他斩首示众。这下子,全郡的人都震惊了,从此再也没有人敢触犯国家的法令,东海郡的治安得到明显的改善。

后来，尹翁归因为政绩优异升任为右扶风太守。

到新的职位后，尹翁归治理右扶风依然采用治理东海郡的办法：凡是有犯罪前科和奸邪者的名字，每个县都做好记录。只要哪个地区发现盗贼，尹翁归便召见那个县里的长官，告诉他奸恶之徒的主犯名字，让他们根据踪迹类推的办法，寻找这些盗贼的藏身地点。

尹翁归处理案件有个特色，那就是追查贫弱百姓的时候都比较宽松仁慈，而对待豪强就查得非常严厉。

那些犯了法的豪强被治罪后送到掌畜官那里，让他们铡草抵罪，不能让别人代替。不合要求的，都要受到鞭笞惩处，有的人痛得无法忍受，最后被逼用铡刀自杀。

京城的人都害怕尹翁归的威严，右扶风的治安状况明显改善，惩治盗贼的政绩常常在京师三辅中数第一。

尹翁归在公卿同僚中清廉自守，并且温雅谦虚，从来没有因为自己有能力而看不起别人，在朝廷中受到很好的赞誉。

元康四年，尹翁归去世，死后家中没有剩余的财产，皇上称道尹翁归的贤良，给御史发布诏书："朕每天起早贪黑，目的就是想提拔好人做官，让这些为官的能够安抚民众。右扶风尹翁归为官清廉公正，治理百姓的政绩突出，不幸英年早逝，无法完成其功业，我非常痛心。朕决定赐给尹翁归的儿子黄金一百斤，以便祭祀其父。"

后来，尹翁归的三个儿子都做到过郡守。

因此，人们都称道田延年会识人才。

小知识

千里马遇到伯乐才能得到承认，进而施展自己的人生抱负。尹翁归是人才，是所谓的"千里马"，也正是田延年这个伯乐成就了他的个人理想。如果当时田延年是个庸官，那尹翁归是不会得到重用的，更无法实现自己的抱负。

怀柔胜过刀兵
——赵佗最终归附汉朝

公元前214年,秦始皇派遣任嚣为主将,赵佗为副将,发起了平定南越的作战行动,很快将桂林、南海、象郡等地占领。

随后,秦始皇命任嚣为南海尉(郡的最高长官),岭南地区正式与中原并为一体,成为秦国的一部分。其中,赵佗作为这次行动的主要参与者,是完成此重任的关键人物之一。

公元前209年,秦朝天下开始出现战乱,农民爆发起义,各地的响应如雨后春笋般出现。南海尉任嚣也想积极响应各地的起义,可惜身体染上了严重的疾病,已经病入膏肓。他在临死之前叮嘱赵佗,让他负起南海尉的重任。

秦朝灭亡后,身在南国的赵佗乘机"击并桂林、象郡",将岭南三郡迅速并为一体,随后自称南越武王,定都番禺。

当时,南越国疆土"东西万余里",包括今广东、广西大部分以及越南北部,是岭南地区第一次建立起的正式政权。赵佗的军事行动,避免了岭南地区重新出现分裂状态,避免了那里的人民再次遭受多年战争之苦。这对岭南地区百姓的安危以及经济发展,都有积极的意义。

公元前196年,坐上大汉皇帝宝座的汉高祖刘邦为了结束岭南地区的分裂状态,决定采取和平政策,派遣大夫陆贾出使南越,劝说赵佗归顺大汉王朝。

赵佗当时以越人打扮接见陆贾,神态有点高傲,结果遭到陆贾的斥责。

赵佗虽然对刘邦不是很服气,但还是接受了汉的封号,对大汉王朝称臣。

当时,刘邦对赵佗的怀柔政策对双方都有利。就在陆贾出使南越这一年,刘邦一方面要对付韩王信部下王黄、赵利等人的骚扰,一方面还要忙于铲除异姓王。正月,设计淮阴侯韩信;三月,杀梁王彭越;七月,淮南王英布起兵,刘邦只得再次出兵讨伐。一年下来,刘邦两次亲自出马镇压叛乱。

在这种情况下,对当时登基不久的刘邦来说,最好的办法就是承认赵佗的存在。如果赵佗当时能够"自保一方,兵力震于荒裔",拒绝接受封号,刘邦也无可奈何。但赵佗还是接受了刘邦的封号。

刘邦的正确决策,赵佗的明智选择,不仅消除了汉与南越的对峙,而且开辟了一条从分裂到统一的和平途径。

到吕后当政的时候,有关部门禁止南越人在市集上购买铁器和马牛羊等牲畜,引起南越赵佗的极大不满。

当初,刘邦曾经把赵佗的南越划分到长沙国,赵佗感觉皇室控制南越经济发展是长沙王出的馊主意,就产生报复的心理。

于是赵佗自加尊号为南武帝,发兵攻打长沙边境,几个郡县遭受战火的洗礼,百姓苦不堪言。

吕后了解情况后非常恼火,马上派隆虑侯周灶将军带兵讨伐南越赵佗,可是汉朝的将士到南方后不习惯当地酷暑的阴雨天气,隆虑侯周灶带领的兵马很多人得了瘟疫,根本无法翻越阳山岭,作战行动异常艰难。

一年多以后,吕后去世,汉朝就停止了这次军事行动。

这更加助长了赵佗的狂妄气焰,他乘机利用兵马财物对周边诸侯小国实施威逼引诱,让他们归属自己。

南越在赵佗的经营下扩大了国土面积。赵佗出入也像汉朝的皇帝一样乘坐黄屋左纛车,想与汉朝天子平起平坐。

公元前179年,汉文帝继位,从代国尚未到长安的汉文帝就布告天下,让天下黎民百姓都了解皇上的盛德。

汉文帝派人整修了南越王赵佗在河北正定的祖坟,逢年过节派人按时祭祀,又把赵佗的堂兄弟招来,用尊贵的官职和丰厚的赏赐来笼络他们。

这一切,身在南越的赵佗知道后很感动。

汉文帝做好这一切,随后开始在朝中选拔出使南越的人选,陈平马上报告说陆贾在先帝时期出使过南越,和赵佗有过交往。

汉文帝就派陆贾担任太中大夫,一名谒者作为副使。另外,汉文帝还给赵佗写了一封书信,信中说:"皇帝问候南越王……作为高皇帝的庶子,我一直被弃置在代国领地,路途遥远阻隔了我们之间的交往,未能与南越通使。前天听说你在边地兴兵,劫掠不断。长沙郡对此非常痛苦,南郡更严重。汉军与南越作战,难道对南越有利吗?结果一定是杀死众多士卒,损伤好的将帅,使别人的妻子成为寡妇,使别人的儿子成为孤儿,使别人的父母失去儿子,得到一个失去十个,我不忍心……"

汉文帝的书信情真意切,彻底打动了赵佗的心。

等陆贾再次到达时,赵佗非常慌乱,马上叩头谢罪,表示从今以后永为藩臣,遵奉贡纳之职。

赵佗给汉文帝回信说:"我听说两雄不同时而立,两贤不并世而存。当今皇帝是贤明的天子。从今以后,我愿意废弃帝制与黄屋左纛……臣佗昧死再拜上书皇

帝陛下：老夫是原南粤的官吏，高皇帝赐给臣佗印玺，让我担任南粤王，让我做国外之臣，按时输纳贡赋……冒死再拜，来听皇上教诫。"

就这样，汉文帝用怀柔的办法降服了赵佗，避免了大动干戈的艰难，为大汉的中兴打下了良好的基础。

小知识

吕后生性残忍，在朝中不仅铲除异己，还对周边的诸侯国实施控制和打击，结果招来兵祸，让百姓遭受苦难。汉文帝仁慈，用宽厚的言辞让骄横的赵佗俯首称臣。

乱世才有"真英雄"
——王莽为何挑动匈奴的神经

北方的匈奴在汉宣帝、汉元帝时期归附汉朝之后,汉匈之间一直保持着和平相处的友好关系。

每当新单于继位时,匈奴都会派遣王子入朝进贡,有时候新单于也会亲自来长安拜见大汉天子。汉朝对匈奴人也不错,每次都指派专人到边塞去迎接,然后一路到长安,按照惯例赏赐匈奴人。

公元8年腊月(农历),王莽经过多年苦心经营后终于建立了自己的新朝,登上皇帝的宝座。

为了树立自己的威信,消除汉朝在边域地区少数民族之间的不良影响,王莽派出很多使者,周游四边,宣扬新朝是奉天命取代的汉朝,然后收缴汉朝颁发的印绶,改换新朝的印绶,变"王"为"侯",这让周边的小国都非常不满。

出使匈奴的是五威将王骏,他将"新匈奴单于章"的新印交给单于后,就命令单于缴上汉朝故印。单于不知道印文已经改了,不假思索准备交上汉朝故印。此时了解内情的人在身旁提醒单于察看新印后再交故印,单于居然没有一点顾虑就将故印交给了五威将王骏,接受新印后也没有察看印文。

王骏等人用欺诈手段骗取了故印,还是担心单于察看新印后反悔,想来想去,索性砸坏了故印。天明之后,单于果然派人责问改动印文的事情,请求归还故印。王骏马上拿出已经破碎的故印,回复匈奴人说天意如此,是故印自碎。单于无可奈何,只好派遣自己的弟弟护送王骏回朝,上书王莽请求另赐印绶,但王莽拒绝了此一请求。

在此之前,王莽曾经命令乌桓国的使者通告乌桓的百姓,不向匈奴缴纳"皮布税",匈奴大怒,出兵掳掠乌桓妇女弱小一千多人,下令乌桓用牲畜来交换。王莽命令匈奴归还乌桓被掠人口,匈奴对此置之不理。

对于这件事,匈奴单于早已经对王莽心怀不满,在王莽拒绝更换印绶后,马上以归还乌桓被掠的人为借口,派遣大量的骑兵部队做好入侵中原的准备,双方的关系变得异常紧张。

此刻,西域戊己校尉史陈良发现西域局势不稳定,匈奴又将大举进攻,就斩杀长官,自称废汉大将军,然后带领部下和家眷逃到了匈奴,正痛恨王莽的匈奴单于马上厚待这些人。

面对动荡不安的局面,王莽觉得必须首先降服匈奴,就下令征发天下囚徒、男丁、甲卒三十万人,派立国将军孙建等十二位将军,准备讨伐匈奴。

另外,王莽还传令准备把匈奴土地分为十五份,让匈奴单于子孙十五人担任新单于。

王莽又派中郎将蔺苞等率领一支骑兵部队,携带大批珍宝至云中塞下,诱惑三名不明真相的匈奴贵族到长安,实际上是扣留成了人质。

匈奴单于了解情况后大怒,开始派兵进攻当时的新朝边境,杀掠掳夺当地百姓和官吏以及财产。

王莽不听朝中大臣的劝告,依然继续往北边调动部队,准备迎击匈奴的攻击,天下变得骚动不安起来。

王莽大规模调集部队,只是为了向匈奴炫耀自己的武力,却并没有制定一个切实可行的作战计划,最终只有落个劳民伤财的下场。

小知识

王莽还没有露出做皇帝的野心时,在汉朝的威信很高,受到很多人的拥戴。当王莽做了皇帝之后,做起事来大不如前,尤其对于边境区域的国家。当时匈奴本来和汉朝关系很好,却被王莽处理成了仇敌,最终形成战乱。

"城西万子夏"
——社会动荡游侠生

历史上的游侠，其实就是黑社会的代名词。

不过，黑社会势力究竟何时出现，已经无法考证。

有记载的就是在西汉前期，当时的黑帮恶势力曾经达到猖獗程度，本该是全国"首善之区"的京师地区，实际情况却是"长安炽盛，街闾各有豪侠"。

这些被称作"豪侠"的，其实就是黑社会"老大"，他们手下都有众多"少年"充当帮手。

这样不仅增强了自己的势力，也在某个程度上扩大了影响，让周边的老百姓和官府都望而生畏。

汉朝时期，有些流氓势力的结合带有很强的宗族化和家族化色彩，族长基本上就是"老大"，家法基本上就是"帮规"，组织就是宗族成员的血缘结合，人多势众，形成强大的势力。

汉武帝时期的黑帮老大郭解，据记载司马迁曾经亲眼见过。

司马迁在书中描述郭解"身材短小，谈吐平庸"，可是在他平常的外表之下，却"阴怀贼害之意"，和人接触稍微不高兴就拔刀相见，"所杀甚众"。

郭解很在意追求江湖上的声望，这样一来，周边"少年慕其行"，争先恐后拜倒在郭解的门下，由此结成以他为"老大"的黑帮。周围的人若是敢得罪他，甚至在背后议论他几句，不用老大开口，"少年"们就很快替老大将这些人"做掉"。声名远播后，各地的亡命之徒纷纷来投奔郭解。

到了西汉末年，政治腐败，各地的"游侠"势力更加肆无忌惮，纷纷粉墨登场。其中著名的"城西万子夏"的万章就是当时赫赫有名的"游侠"。

万章，字子夏，是长安人。当时，作为京师重地的长安十分繁华，街市中有很多豪侠之士。万章住在城西的柳市区域，所以人称"城西万子夏"。后来，万子夏做了京兆尹（相当于京师的市长）的好朋友。

有一天，万子夏跟着京兆尹出席一个外交场合。令人想不到的是，在那里的侍中、诸侯之类的达官贵人都争着要和万子夏打招呼，居然将京兆尹放在一旁坐冷板凳。当时，万子夏十分退缩，也十分害怕。从此之后，京兆尹就再也不叫万章陪着

自己了。

万子夏另一位很要好的朋友是中书令石显,沾了石显有权有势的光,万子夏家门前的车马总是接连不断。

可是到了汉成帝初年的时候,石显因为专权的罪名被免去了官职,卷铺盖回家乡去了。石显家财千万,临走的时候,留了些床席器物价值不菲。石显准备送给万子夏,但万子夏没有接受。

有些宾客询问其中的原因,万章感叹地说:"我本身就是一个身穿布衣的平民百姓,承蒙石显怜惜和我成了朋友。现在石显家破业败,我没办法去救他,现在反而还去接受他的财物,这么做也太对不起人家了!"众人听到万子夏这番话,都心服口服,称赞万子夏为人处世够朋友。

在这样的政治环境下,各地出现许多游侠。比如长安的樊中子、槐里的赵王孙、长陵的高公子、西河的郭翁中、太原的鲁翁孺、临淮的儿长卿等等,他们都和"城西万子夏"一样,虽然身为侠士却都有礼让谦逊的君子之风。

这些人尽管都是强盗,但是都混杂在平民之中,被人们所仰慕。

到了河平年间,王尊当上了京兆尹,开始打击捉捕豪侠之士,杀死了万子夏等长安城著名的"老大",维护了社会的安定。

小知识

"游侠"这个特殊的社会阶层是有其社会根源的。秦汉之际,一些破落的六国贵族子弟仗剑习武,以期乱世逐鹿,恢复从前的贵族地位,而此时正当战乱,社会也需要武者来平乱,因此游侠应运而生。

"以狼牧羊"的治民手段
——西汉多酷吏

酷吏,就是残暴苛刻的官吏,历史上各个朝代都有。

史书记载的酷吏中,汉武帝时期比较多,主要原因是西汉到了中期之后社会矛盾很尖锐,汉武帝需要加强统治、集中皇权,这样一来,便产生了很多"知阴阳,人主与俱上下"及"禁奸止邪"的酷吏。

汉武帝时代是中国历史上"酷吏治国"的一个高峰期,以致司马迁著《史记》,专门辟出《酷吏列传》,集中记述了西汉十一名酷吏的故事,其中有十名即活跃于武帝时代,分别为:宁成、周阳由、赵禹、张汤、义纵、王温舒、尹齐、杨仆、减宣和杜周。

其中,以张汤最为著名。

张汤,杜陵人。他由审阿娇一案发迹,升任廷尉;审淮南王刘安一案得力,升任御史大夫。这两个案子,他判了上万人死刑。

这时汉武帝正喜好儒学,张汤判决大案,想要附会古义,就请博士弟子研习《尚书》《春秋》,担任廷尉史,调平法令的可疑之处。上奏判决疑难案件,一定要预先给皇上分析各方面的缘由,凡皇上所肯定的,就接受作为依法判决的案例入廷尉的成文法规,来宣扬主上的圣明。报告工作如受谴责,张汤就承认错误而谢罪,顺着皇上的意向,举出贤能的助理官员或办事吏员,然后说道:"他们本来向我建议的,正像皇上所要求我的一样。我没有采用,才愚蠢到了这种地步。"因此他的过错常常得到宽恕。他有时上奏章议事,皇上赞许那个奏章,他就说:"我不知道有这样的奏章,这是监、掾、史中某某写的。"他想要推荐部下,宣扬某人的长处或者掩饰某人的短处就是这么做。办理的案件如果是皇上想要加罪的,就把案子交给执法严苛的监吏办理;所办案件如果是皇上想要宽容的,他就把案子交给执法轻平的监吏去办。所审判的如果是豪强,他一定玩弄法律条文严加惩办;遇上贫穷人家被审判,他常说:"就是按法律定了罪,皇上还要裁断审察。"于是,往往从轻判决。

张汤做事有原则,他的原则是:皇帝的原则就是我的原则。

可是,张汤作为当朝御史大夫,而且又是汉武帝很看重的人,最后竟然自杀了,遗言是:有人陷害我!

当时,朝野上下流传一个说法,"丞相取充位,天子事皆决汤",丞相庄青翟被架

空,汉武帝的事都是张汤操办。

庄青翟不甘心,但一时间还扳不倒张汤。

当时,有人盗走了孝文帝陵园的下葬钱,庄青翟与张汤相约一起谢罪。张汤暗想,这个责任本来就由丞相来承担,自己并没有参与祭拜,没有必要承担责任。庄青翟谢罪后,汉武帝派御史审查这件事,庄青翟担心张汤从中使坏,感到非常恐惧。

丞相府的三位长史朱买臣、王朝、边通曾经受过张汤的凌辱,如今见自己的上司有难,决定先下手为强,准备以罪名陷害他。

他们派属史逮捕审讯张汤的友人田信等,说张汤向武帝奏报提出经济上的建议,田信都事先知道,因此囤积取利,与张汤平分。他们还说张汤有其他奸邪之事,这些话很快就传到汉武帝那里。

汉武帝向张汤说:"我有什么打算,商人都事先知道,是不是有人泄露了计划?"

张汤听后,没有谢罪,还惊讶地说:"肯定是有人这样做。"

汉武帝认为张汤当面撒谎,就派使臣带八项罪名指责张汤,张汤一一予以否认。于是,汉武帝又派赵禹责备张汤说:"阁下怎么不懂分寸,你审讯处死了多少人,如今人们指控你的事情都有根据,圣上很重视你的案子,想让你自己妥善处置,为什么要多次对证呢?"

张汤于是上疏谢罪说:"张汤没有尺寸的功劳,从刀笔吏起家,因得到陛下的宠幸而官至三公,没有任何可开脱罪责之处。然而阴谋陷害张汤的,是丞相府的三位长史。"于是自杀身亡。

张汤的母亲说:"张汤作为天子的大臣,被恶言污蔑致死,有什么可厚葬的!"就用牛车拉着他的尸体下葬,只有棺木而没有外椁。

汉武帝知道自己被骗后便将三位长史处死,丞相庄青翟也被迫自杀。

图书在版编目(CIP)数据

关于西汉王朝的100个故事 / 江辉著. —— 南京：南京大学出版社，2019.9
(人文社会科学通识文丛)
ISBN 978-7-305-20061-8

Ⅰ.①关… Ⅱ.①江… Ⅲ.①中国历史－西汉时代－通俗读物 Ⅳ.①K234.109

中国版本图书馆CIP数据核字(2018)第059041号

出版发行	南京大学出版社		
社　　址	南京市汉口路22号	邮　编	210093
出版人	金鑫荣		

丛　书　名　人文社会科学通识文丛
书　　　名　关于西汉王朝的100个故事
著　　　者　江　辉
责任编辑　黄隽珊　　　　　　编辑热线　025-83685720
照　　　排　南京南琳图文制作有限公司
印　　　刷　丹阳兴华印务有限公司
开　　　本　787×960　1/16　印张14.25　字数285千
版　　　次　2019年9月第1版　2019年9月第1次印刷
ISBN 978-7-305-20061-8
定　　　价　35.00元

网　　址：http://www.njupco.com
官方微博：http://weibo.com/njupco
官方微信号：njupress
销售咨询热线：(025)83594756

* 版权所有,侵权必究
* 凡购买南大版图书,如有印装质量问题,请与所购图书销售部门联系调换